CONGRÈS DE CHANTEFLEURÉ

DE MAZAMET

31 MARS — 1922

COMPTE-RENDU
ET RAPPORTS

CONGRÈS DE CHANT SACRÉ

DE MAZAMET

M. Gaston FOURNIER
Président du Congrès.

CONGRÈS DE CHANT SACRÉ

DE MAZAMET

31 MARS, 1er et 2 AVRIL 1922

COMPTE-RENDU

RAPPORTS ET CONFÉRENCES

Prix : 3 Fr.

MAZAMET

Aux Bureaux du « Chant Sacré »

1922

INTRODUCTION

—

Ce congrès, le premier du genre organisé en
France, a obtenu le plus vif et le plus légitime
succès. Préparé par les deux journées musicales
de Castres (janvier 1921) et Sauve (mai 1921), il
a attiré un grand nombre d'amis et d'exécutants,
il a permis l'exécution et l'audition de magnifi-
ques morceaux, enfin il a recuelli l'adhésion de
nombreuses personnalités religieuses et musicales, en même temps qu'il a dissipé de vieux pré-
jugés qui avaient la vie dure.

Deux faits ressortent de cette manifestation
d'art sacré: la belle musique n'est nullement in-
compatible avec le culte en esprit et en vérité,
et elle fait partie de l'élément édifiant de nos
services; en deuxième lieu, notre musique religieuse protestante est très considérable et n'at-
tend que d'être appréciée comme elle le mérite.

o
o o

Toutes les séances ont été publiques, et elles
ont attiré un public extrêmement sympathique,
qui s'est transformé en véritable foule pour les
concerts et les services religieux. Chaque assis-
tant était muni du programme, superbe œuvre
d'art, orné d'un bois original dû au talent de
l'éminent graveur parisien, M. Schmied.

Les séances ont eu lieu dans le temple de l'Oratoire et ses dépendances, mis aimablement à la disposition des organisateurs.

Le congrès s'est ouvert le vendredi 31 mars à 2 heures, sous la présidence de M. Gaston Tournier, rédacteur du « Chant Sacré », élu par acclamation unanime. Après les formalités et les allocutions d'usage, M. R. de Jarnac, auteur de « La Prière des siècles », et extrêment compétent pour toute question liturgique, a donné lecture de son rapport : « Nos chants et le trésor liturgique du passé ». Au cours de ce remarquable travail, un quatuor vocal a fait entendre des chants et fragments de liturgie, qui ont parfaitement complété la pensée de l'auteur. Du reste, peu d'instants après, un service liturgique, présidé par M. le pasteur Lengereau, de Toulouse, permettait de passer de la théorie à la pratique, et produisait une profonde impression religieuse.

Le soir, à 8 h. $\frac{1}{2}$, un magnifique concert spirituel clôturait la journée, remuant profondément l'immense assemblée qui était réunie dans le temple; de cette soirée, mentionnons seulement le talent si remarquable de M. A. Cellier, organiste à Paris, et l'exécution de la splendide Cantate de H. Schütz : « Les sept paroles de Jésus-Christ en Croix », composée en 1645, et parfaitement rendue par les chœurs et l'orchestre de l'Oratoire.

Le lendemain, 1ᵉʳ avril, la journée a commencé par la lecture du rapport si actuel et si pratique de M. A. Cellier sur « La réalisation musicale pratique dans les Eglises réformées » qui a été suivi d'un entretien très animé, et extrêmement intéressant, par les questions et les réponses qu'il provoquait; espérons que, de ce débat si cordial et si animé, germeront des idées fécondes et pratiques.

Le rapport de M. E. Haein, de Montpellier, n'a pas été moins apprécié; sur ce sujet: « Le rôle de l'esthétique musicale dans la vie morale et religieuse », le jeune et distingué musicien qu'est M. Haein, nous a tenu pendant une heure sous le charme de sa parole; nous saluons en lui un de nos maîtres de l'avenir.

Un nouveau service liturgique, à 5 heures, cette fois sous la présidence de M. le pasteur Fabry, de Sauve, nous a reposé de l'étude et de la discussion, tout en nous rapprochant dans la prière et l'adoration.

La soirée a été tout entière consacrée à notre grand maître, J.-S. Bach, dont nous ne saurons jamais assez faire connaître et aimer les magistrales compositions. C'est M. G. Bret, de Paris, qui nous a entretenus du Cantor, et sa vibrante causerie, coupée d'auditions, a paru trop courte à ses nombreux auditeurs.

❊

Voici enfin le dimanche, le dernier jour du Congrès, jour tout entier consacré au recueillement, à la prière, et à l'audition de beaux morceaux.

Au service de 10 h., tandis que le maître

Cellier était à l'orgue, M. le pasteur Lengereau, de Toulouse, donnait une prédication saisissante et parfaitement appropriée à l'objet du Congrès, sur cette parole du Psalmiste: « Je chante à l'Eternel, car il m'a fait du bien. » (Ps. 13. 6).

Il nous a montré le rôle du chant dans la vie religieuse de l'humanité et la place qu'il occupe dans l'histoire biblique.

La nature, sous ses divers aspects, et dans la variété de ses formes changeantes, chante elle aussi la gloire et la puissance de Dieu. L'automne et l'hiver, chantent à leur façon, et sur le mode mineur, la disparition ou l'éternel changement des êtres et des choses. Le printemps est un chant de résurrection, un hymne triomphal à la vie qui se renouvelle sans cesse.

Les patriarches, les prophètes, le roi David ont chanté. Que sont les psaumes, sinon d'admirables chants qui traduisent les émotions et les expériences de l'âme croyante? Et la prédication enflammée des prophètes, avec le parallélisme de ses périodes alternées, n'est-elle pas aussi un cantique à la gloire de Dieu?

Jésus lui-même, après l'institution de la Sainte-Cène, et au moment de se rendre à Gethsémaneh, où il devait être saisi de tristesse jusqu'à la mort, chanta les louanges de Dieu avec ses disciples et la note émue de son cantique se mêla aux bruits confus, à toutes les voix de la création (Math. 26. 30).

M. Lengereau nous montra ensuite le rôle éducateur du chant dans la vie religieuse. Il y a un ministère du chant, comme il y a un ministère de la parole. Que d'âmes sont nées à la vie divine, conquises par la beauté du chant sacré, qui exprime si bien nos douleurs et nos espoirs !

L'après-midi, dans un édifice qu'on était unanime à trouver trop étroit, un nouveau concert spirituel, cette fois avec le concours du chœur et des solistes de l'Eglise de Castres, nous tenait pendant deux heures sous le charme de nos grands maîtres ; il fut suivi d'un service d'adoration, plein de paix et de recueillement, célébré par M. le pasteur Cadix, de Saint-Jean du Gard, repos bienfaisant dans le calme du sanctuaire.

Le Congrès se terminait enfin par un hommage à nos vieux psaumes, dont M. Cellier a fait revivre devant nous l'origine et la grandeur : après quelques exécutions du chœur, l'assemblée tout entière s'est associée à ces beaux chants par l'exécution du Psaume 42ᵉ dans son rythme original.

Et maintenant, clôturons ce résumé bien imparfait de ce congrès inoubliable, qui sera, nous l'espérons suivi de beaucoup d'autres. Nous ne saurions mieux terminer qu'en reproduisant les réflexions très justes qu'il a suggérées à un de nos amis qui n'a manqué aucune de ses séances :

Le rôle éducateur et bienfaisant du chant, au point de vue spirituel, a été souvent méconnu dans nos Eglises, et cependant le chant devrait être *l'expression vivante de notre piété.*

Par lui, nous donnons, dans le culte, une voix à nos sentiments de reconnaissance et d'adoration. Nous exprimons nos remords, le regret des fautes commises, le besoin du pardon, nos aspirations vers le bien, la joie de la délivrance et de la paix retrouvée. Il nous permet encore de prendre au culte une part *personnelle*, une part *active;* il extériorise pour ainsi dire — comme l'a remarqué M. A. Bénézech — l'état d'âme collectif des fidèles réunis pour l'adoration et la prière.

Les différents actes du culte, la lecture de la Bible, la prédication de l'Evangile, ont sans doute, pour notre édification, leur fonction bénie; mais n'est-il pas vrai que lorsqu'on se sent remué, touché jusqu'au fond du cœur, consolé par la divine Parole, on a hâte d'échapper à son attitude passive et de manifester sa foi, sa reconnaissance, par un *cri du cœur*, par un *hosannah* sorti tout frémissant de nos lèvres émues. On célèbre alors *soi-même* le culte, on n'est plus un membre inerte du corps religieux, mais un membre vivant, actif.

Et quoi de plus impressif que toutes ces voix qui chantent, adorent, supplient; quelle grandeur solennelle dans cette émotion se dégageant des foules assemblées, où naissent des sympathies créées par la communauté des impressions ressenties.

Il ne faut pas oublier, toutefois, que le chant, pour être *efficace*, doit être la manifestation d'un état d'âme, l'expression de sentiments intimes.

Sans doute la beauté mélodique du chant a son importance, sa très grande importance. L'art ne doit jamais être dédaigné, car c'est lui qui revêt les choses immatérielles d'une forme splendide; mais, réduit à une simple harmonie musicale, le chant perdrait, dans le culte, toute valeur et toute portée religieuse; il en serait alors de la plus belle harmonie comme d'un parfum subtil qui a bientôt fait de s'évaporer.

N'allons donc pas chercher dans nos temples une sensation purement artistique ou un ébranlement des sens qui cesse bientôt avec la cause qui l'a produite. Rappelons-nous que Dieu réprouve sévèrement ce côté formaliste de l'adoration: « Ce peuple m'honore des lèvres, mais son cœur est éloigné de moi. Malheur à lui! Otez de devant moi le bruit de vos cantiques, je n'écouterai point la mélodie de vos instruments ! » (Esaïe)

Sachons donc donner au chant chrétien la valeur que lui attribue la vraie piété. Dans nos assemblées religieuses chantons avec tout notre cœur, avec toute notre âme. Chantons, parce que *nous aimons*, parce que *nous croyons*, parce que *nous adorons*. Chantons comme les Moïse, les David, les Marie, les Zacharie, les Saint-Paul, comme ces huguenots, nos ancêtres, entonnant leurs vieux psaumes dans les cavernes des rochers ou la solitude du Désert. Notre chant sera, alors une prière, et Dieu entendra nos cantiques: il y répondra en faisant descendre sur nous les lumières et les bénédictions qu'il tient en réserve pour ceux qui l'invoquent d'un cœur pur!

PROGRAMMES MUSICAUX DU CONGRÈS

SERVICE LITURGIQUE DU 31 MARS

A CINQ HEURES UN QUART

Prélude en mi *bemol*, orgue..	LEMMENS
Choral n° 4, orgue.	J.-S. BACH
Grave, violon.	Fr. BACH
O mystère ineffable, motet pour basse. . .	CLÉRAMBAULT
Choral n° 30, orgue.	J.-S. BACH
Dialogue sur les grands jeux. orgue. . .	CLÉRAMBAULT
Chant par l'assemblée des cant. 125. *et* 167.	

CONCERT SPIRITUEL DU 31 MARS

A HUIT HEURES ET DEMIE

PREMIÈRE PARTIE

1.	*Sonate en la majeur*, orgue.	MENDELSSOHN
2.	*Je sais que mon Rédempteur existe* (*Le Messie*), chant.	HAENDEL
3.	*Air*, violon.	Jean HURÉ
4.	*Scherzo de la* 1re *symphonie*, orgue. .	Louis VIERNE
5.	*Sarabande*, violoncelle.	HAENDEL
6.	*Cantique de Pénitence*, chant. . . .	BEETHOVEN
7.	*Improvisation sur un chant d'église*, orgue. (Psaume 90.)	A. CELLIER
8.	*Larghetto en si mineur*, violon. . .	HAENDEL
9.	*Je veux louer sans cesse le Seigneur*, chant.	H. SCHUTZ
10.	*Prélude, fugue et variation*, orgue. .	C. FRANCK

DEUXIÈME PARTIE

Les Sept Paroles de Jésus-Christ en Croix

CANTATE POUR SOLI, CHŒUR et ORCHESTRE *de* H. SCHUTZ

Traduction française de G. TOURNIER (première exécution en France)

SCHUTZ composa cette œuvre en 1645, en puisant dans les quatre Évangiles au texte desquels il a joint, pour *l'Introitus*, la première strophe du cantique : *Da Jesus an dem Kreuze Stund*, sans d'ailleurs en reprendre la mélodie, et pour la *Conclusio*, la dernière strophe du même choral. Ces deux chœurs sont écrits à cinq voix, avec basse continue. Après *l'Introitus*, on entend une *Symphonia* jouée par cinq instruments. Le plus souvent l'Evangéliste chante en style de récitatif moderne avec accompagnement du *continuo* ; son rôle est partagé entre plusieurs voix différentes, soprano, alto, ténor ou basse, et dans quelques passages de la narration, ces voix se réunissent en chœur. Le personnage de Jésus est représenté par le second ténor, accompagné de deux instruments et de la basse. Cette œuvre est une des plus touchantes de SCHUTZ.

(A PIRRO.)

SERVICE LITURGIQUE DU 1ᵉʳ AVRIL

A CINQ HEURES UN QUART

Invocation, orgue.	A. GUILMANT
Exauce-moi, duo pour 2 soprani. . . .	H. SCHUTZ
Choral n° 52, orgue.	J.-S. BACH

Largo, violon. . . . . LECLAIR
Domine Deus, orgue. . . . . COUPERIN
Chant par l'assemblée des cant. 9 et 74.

Conférence de M. G. BRET sur J.-S. BACH

1ᵉʳ AVRIL, *A HUIT HEURES ET DEMIE*

Au cours de la Conférence, les morceaux suivants de J.-S. BACH
furent exécutés :

Prélude en mi bémol. . . . . . . 3ᵉ livre ⎫
Passacaille. . . . . 1ᵉʳ livre ⎪
Trois Chorals. . . . . . 5ᵉ et 7ᵉ livres ⎬ Orgue
Fugue en mi bémol. . . . . . 3ᵉ livre ⎭
    (Cette triple fugue passe pour être un symbole de la Trinité).

Ouvre-toi, mon âme, de la Cantate n° 61.. . ⎫
Il aime et sacrifie sa vie, de la Passion Sᵗ-Mathieu. ⎪
Air de la Pentecôte. . . . . ⎬ Chant
Chants spirituels. . . . . ⎭

Adagio de la Sonate en mi. . . . . Violon

Dans ma ferveur, choral. . . . . ⎫
O jour de deuil, choral. . . . . ⎬ Chœur

SERVICE RELIGIEUX DU 2 AVRIL

A DIX HEURES

Andante du 5ᵉ *Concerto,* orgue. . . . . HAENDEL
Psaume 15ᵉ. Chant de l'Assemblée. . . GOUDIMEL
Jour du Seigneur, Chant de l'Assemblée
    (cant. 175). . . . . SCHEIN (1630)
Toccata, orgue. . . . . FRESCOBALDI
Dieu mon rocher, Chant de l'Assemblée
    (cant. 118). . . . . HAENDEL
Final, du 7ᵉ *Concerto (sortie)* orgue. . . HAENDEL

CONCERT SPIRITUEL DU 2 AVRIL

A TROIS HEURES ET DEMIE

PREMIÈRE PARTIE

1. *Improvisation*, orgue. . . . . SAINT-SAENS
2. *Roi des cieux*, chant. . . . . MENDELSSOHN
3. *Chant du soir*, violon. . . . . . . F. SCHMITT
4. a) *Ni ho salud gant karantez*,
     chœur d'enfants. . . . Vieux cantique breton
   b) *Hymne de Saül*, chœur d'enfants. HAENDEL
5. *Deux pièces en forme de canon*, mi
    majeur, si *mineur*, orgue. . . . SCHUMANN
6. *Quam dilecta*, chant. . . . . . . RAMEAU
7. *Adagio*, violon. . . . . BEETHOVEN
8. *Brisant les chaînes*, chœur. . . . . GLUCK

DEUXIÈME PARTIE

1. *Loué sois-tu*, de la Passion de Saint-
   Mathieu, chœur. . . . . . . SCHUTZ
2. *Etude*, orgue. . . . . A. CELLIER
3. *Air d'église*, chant et violoncelle. . STRADELLA
4. *Prélude du Déluge*, violon. . . . . SAINT-SAENS
5. *En prière*, chant. . . . . G. FAURÉ
6. *Chœur de Noël de la Rédemption*, chœur. C. FRANCK
7. *5e Symphonie*, variation, orgue. . . Ch. WIDOR

SERVICE LITURGIQUE DU 2 AVRIL

A CINQ HEURES ET QUART

Choral n° 40, orgue. . . . . J.-S. BACH
O Bonté divine, élévation pour ténor et
baryton. . . . . COUPERIN
Choral n° 27, orgue. . . . . J.-S. BACH

Adagio de la sonate en fa, violon. . . . HAENDEL
Répons liturgiques, chœurs. . . . . BERSIER
Choral n° 34, orgue. . . . . . J.-S. BACH
Chant par l'assemblée du Ps. 141 et du cant. 123.

A HUIT HEURES ET DEMIE

CONFÉRENCE DE M. A. CELLIER

sur *NOS PSAUMES*

Au cours de la Conférence, le chœur exécuta :

Le Psaume 7ᵉ.. . . . . WAELRANDT
Le Psaume 68ᵉ. . . . . GOUDIMEL
Chant par l'assemblée du Ps. 42 (rythme original).

COMPTE-RENDU des SÉANCES

Séance du Vendredi 31 Mars, 14 heures.

M. G. Tournier ouvre le Congrès par la lecture d'un passage de l'Écriture Sainte et un message de bienvenue adressé à tous ceux qui ont bien voulu répondre à l'appel du Comité du Chant Sacré. « Le titre de Congrès, dit-il, donné à une réunion comme celle-ci est peut-être un peu pompeux; mais, comment l'appeler ? Ce qu'il faut, c'est que chacun se sente ici dans une atmosphère de cordialité et de liberté et ne soit nullement gêné d'exposer ses idées ou ses objections. Espérons qu'il sortira de cette entrevue un grand bien pour la rénovation du Chant Sacré dans nos Eglises. »

On procède ensuite à la nomination d'un bureau dont M. Tournier est élu président par acclamation.

La parole est immédiatement donnée à M. R. de Jarnac pour la lecture de son rapport.

RAPPORT DE M. DE JARNAC

M. *Tournier*, président, remercie M. de Jarnac de son rapport documenté et suggestif et dit que la question de la liturgie est intimement liée à celle du chant. Si nous ne pouvons nettement l'aborder ici, nous devons cependant y songer.

On pense à ce sujet tout naturellement à Bersier et à la liturgie de l'Eglise de l'Etoile à Paris, mais Bersier lui-même disait, et il est bon de le rappeler, qu'il avait peur d'innover et qu'il voulait avant tout retrouver la tradition apostolique. Il s'inspira aussi de la liturgie Anglicane. D'ailleurs cette question de la liturgie est à l'ordre du jour et l'on s'en préoccupe de divers côtés. En Suisse, la société « Chant et Liturgie » avec M. Monastier-Schrœder qui n'ayant pas pu venir lui-même nous a envoyé son fils, étudie actuellement une nouvelle liturgie de la Sainte Cène. En Allemagne, les ressources liturgiques sont considérables, on peut citer l'exemple de Leipzig où est chanté le fameux « Amen » repris par Wagner dans *Parsifal*. Nous devons nous inspirer de tous ces exemples pour travailler en France à la rénovation liturgique qui s'impose.

La discussion sur le rapport de M. de Jarnac est ouverte.

Discussion.

M. le pasteur Bénézech s'appuyant sur le témoignage de Durand-Palot, dit que l'auditoire qui ne dispose d'aucun moyen pour participer au culte est purement passif. Le chant permet cette participation. Certaines personnes ont été saisies pour avoir pris part au chant. En unissant notre voix au chant de l'assemblée, nous dépouillons notre personnalité trop individualiste pour entrer en communion avec le sentiment religieux collectif. On doit cultiver d'une manière toute spéciale le chant liturgique dans lequel l'action de l'auditoire paraît plus spontanée. Grâce à sa liturgie, l'Eglise de l'Etoile à Paris s'est attachée un auditoire fixe, qui ne suit pas comme dans d'autres églises la vogue du pasteur qui prêche. Il faudrait aussi signaler l'action du chant sur les personnes étrangères.

M. Lengereau, de Toulouse, dit qu'on se trouve souvent enfermé dans un véritable cercle. On se plaint de la pénurie de cantiques de nos recueils et encore dans ces recueils n'en connnaît-on qu'un très petit nombre, toujours les mêmes, dont on n'arrive pas à sortir, car l'auditoire semble ne pas vouloir en apprendre d'autres.

M. Tournier, président, répond en citant l'exemple de Mazamet où l'on a de nombreuses répétitions qui permettent d'apprendre les cantiques que l'on chante le dimanche.

M. Cellier dit que pour aller au fond de la question il faut constater que la musique n'est pas prise au sérieux. Personne ne la connaît ; à l'école du dimanche on s'amuse pendant l'étude des cantiques et un directeur qui prend la chose à cœur se heurte comme à une mauvaise volonté générale. Du temps de Calvin, dont on a dit que s'il eût trouvé des orgues à Saint-Pierre de Genève il les eut fait enlever, on faisait quatre heures de chant par semaine dans les écoles qu'il institua. Où aujourd'hui fait-on quatre heures de chant par semaine? Et ce sont les enfants des paroisses dites riches qui chantent le plus mal, tandis qu'on arrive à faire très bien chanter les enfants des paroisses populaires. Cependant, quelle que soit la difficulté, si l'on veut que nos auditoires chantent les cantiques, c'est par les enfants qu'il faut commencer.

M. Tournier, président, ajoute que pour cela il faudrait faire chanter le plus possible de cantiques du Recueil Synodal et non pas seulement ceux du Recueil des Ecoles du dimanche. En Allemagne, on apprend aux enfants tous les cantiques dès leur plus jeune âge.

Pour ce qui est des chants liturgiques, une question doit être soulevée au sujet de laquelle les avis sont partagés : doit-on toujours conserver les mêmes ou les changer ?

M. Lengereau donne l'exemple de Toulouse où la liturgie est différente pour chaque dimanche du mois, mais on n'est pas encore arrivé à changer les cantiques qui restent les mêmes dans les différentes liturgies ; mais dès que nous aurons trouvé les cantiques appropriés, dit M. Lengereau, nous les publierons. Nous avons aussi un quart d'heure de musique religieuse avant le culte, un petit concert spirituel dont le programme est affiché à l'avance dans le tambour du temple.

Pour ce qui est des chants à faire apprendre aux enfants, j'ai essayé de donner à l'Ecole du dimanche les Psaumes et cantiques du Recueil synodal, mais au bout de plusieurs années, j'ai dû céder à la demande des monitrices et des moniteurs qui assuraient qu'il était impossible de se servir du recueil synodal pour l'Ecole du dimanche.

Il faut convenir enfin, sans vouloir formuler de critique à l'adresse de personne, que notre recueil synodal est restreint, si on songe à tels autres recueils étrangers comme les recueils anglais en particulier. Mais même sans comparaison, le choix, dans notre recueil, est si maigre, qu'il est presque impossible de faire des cultes liturgiques différents faute de cantiques appropriés.

Le Président fait remarquer qu'encore une fois on se trouve dans un cercle puisque si pauvre qu'il soit, on n'épuise pas le recueil. Si nos auditoires se montraient insatiables, on pourrait songer à l'augmenter, mais comme on ne connaît pas la moitié des cantiques qu'il contient, l'augmenter ne serait pas un remède.

M. Molines appuie ce qu'a dit M. Lengereau et ajoute que non seulement le recueil ne satisfait pas aux besoins des cultes liturgiques, mais même qu'il est insuffisant pour les cultes ordinaires.

M. Lengereau : « Je me demande ce qu'ont fait les poètes religieux, il y en a pourtant ? »

M. de Jarnac attire l'attention sur les trois points suivants : 1° l'Eglise luthérienne a fait adjoindre au Recueil des Ecoles du dimanche et au Recueil synodal un choix de cantiques spéciaux pour les grandes fêtes.

2° Au synode de Marseille on a parlé de la question de l'Année Ecclésiastique, son institution permettant une certaine variété et une certaine continuité.

3° Qu'est-ce qu'un chant liturgique ? Il n'y en a pas ou peu; car le plus souvent on se sert d'un verset quelconque de n'importe quel cantique, mais on n'a pas de chants liturgiques. Il faudrait un recueil liturgique, comprenant les quelques-uns qui se trouvent dans le Recueil synodal, « Je me lèverai », du Recueil Mac-All; on pourrait puiser également dans le Recueil de Lausanne et compléter ainsi l'œuvre de Bersier et de Mlle Hollard.

M. Cellier signale un gros danger et dit que si l'on veut faire une liturgie, on ne doit pas s'adresser aux compositeurs modernes quels qu'ils soient et leur demander le fruit de leur inspiration; personne ne peut se mettre à créer un recueil, liturgique ou autre; ne sont restés et ne sont parvenus jusqu'à nous que les cantiques qui ont fait leur preuve. Et les thèmes qui répondent le plus à nos besoins sont en quelque sorte une œuvre collective. Si on s'adresse à des musiciens modernes, demandons-leur de faire comme les auteurs du passé, qui travaillaient sur des thèmes connus, des thèmes populaires, comme ont fait Bach et les autres. Mais au lieu de faire du nouveau, on ferait mieux de s'adresser au passé et de travailler à reconstituer : défions-nous de la collaboration moderne, car aujourd'hui on n'est plus capable de trouver une phrase liturgique. Notre œuvre aura d'autant plus de valeur que nous puiserons plus loin. En s'adressant à des auteurs comme Cl. le Jeune, Bourgeois, Goudimel, Luther et d'autres, on fera œuvre inattaquable.

Depuis le peu de temps que l'Eglise protestante de France a droit de cité, on a couru au plus pressé et on s'est servi de n'importe quoi; le Désert a coupé les ponts avec notre tradition liturgique qui est d'une richesse inouïe; aujourd'hui, il s'agit de renouer avec le passé et pour cela les compositeurs modernes doivent faire œuvre de modestie.

M. de Jarnac : Monsieur Cellier, me semble-t-il, vient de conclure magistralement le rapport et cette discussion; il nous faudrait un paléographe musical à l'exemple de O. Douen.

M. Cellier. Il y a des richesses inouïes à retrouver; M. Expert, de la Bibliothèque nationale, nous a rendu un immense service en ressuscitant nos psaumes. Il y a Bach et ses 198 cantates. Les matériaux ne manquent pas, il n'y a qu'à travailler.

M. de Jarnac souhaite de voir paraître un catalogue du genre de celui édité par M. Tournier, mais plus spécialement liturgique; ce serait une source extrêmement précieuse.

La séance est levée.

Séance du Samedi 1ᵉʳ Avril, 9 heures.

Le Président ouvre la séance par la lecture de quelques passages des Psaumes et donne la parole à M. Cellier.

RAPPORT DE M. CELLIER

Le Président remercie M. Cellier, et se demande, devant la richesse de l'exposé, par quoi commencer la discussion.

Parlons d'abord des Eglises qui n'ont rien. Le seul moyen de faire quelque chose au point de vue du chant, c'est d'organiser des réunions. Dans une petite paroisse de la montagne, à « Espérausses », on a organisé des réunions où des familles entières, au complet, viennent chanter. Il faut apprendre à chanter à l'unisson (les paysans saisissent d'emblée les mélodies), et se borner au recueil; la musique est un excellent attrait dans un village un peu éloigné d'un centre.

M. Lengereau. — Le même attrait n'existe pas dans les villes et pour ma part, je ne sais que faire pour intéresser les gens au chant. A Toulouse, nous avons des leçons de chant données par des professionnels, mais tout le monde veut donner son avis et parler à la fois. A tel point que je suis obligé d'être là pour veiller à l'ordre.

D'autre part, ces réunions sont peu suivies, car on n'a pas le temps d'y venir. On ne peut pas sortir le soir, et dans la journée les gens qui travaillent ne peuvent pas, et les gens qui ne font rien sont toujours les plus occupés. Je me heurte à des difficultés insurmontables, en sorte que puisque les chrétiens ne veulent pas chanter les louanges de Dieu, je fais venir des salariés.

Mais il est des paroissiens qui sont scandalisés. Alors que faire ?

M. Cellier remarque que l'on trouve bien le temps de faire autre chose, de faire partie de mille sociétés et en particulier de jouer au foot-ball.

Pour ce qui est de la question des salariés, il faut avoir l'esprit large, car il y a dans certains chœurs des gagistes qui donnent l'exemple le plus édifiant. Et parmi eux ce ne sont pas toujours les coréligionnaires qui se montrent les plus dévoués. D'ailleurs, la petite rémunération qu'on leur donne n'a rien de scandaleux, on vient ainsi en aide à des gens qui ont besoin et on les préserve d'aller chanter ailleurs des choses beaucoup moins édifiantes.

M. Lengereau signale qu'à Toulouse on a deux genres de répétitions : une pour l'étude des cantiques du dimanche, une pour les cultes d'adoration.

Il indique encore, pour que rien ne rappelle la scène, l'installation d'un rideau qui dérobe le chœur à la vue de l'auditoire. Mais il y a l'inconvénient qu'on ne se gêne pas pour parler derrière le rideau, et que certains exécutants tiennent à être vus.

Enfin on fait imprimer toujours les paroles des chants et on les donne à l'auditoire. Celui-ci d'ailleurs se montra scandalisé par un chant dont les paroles étaient en latin.

M. Cellier confirme que pour les concerts spirituels de l'Eglise de l'Etoile, les paroles des chants sont toujours imprimées et distribuées aux auditeurs qui y tiennent beaucoup.

M. Lengereau soulève la question de la lecture du texte du cantique lors de l'indication des chants. Cette pratique introduit dans la tenue générale du service un hiatus du plus fâcheux effet. A Toulouse, pour remédier à cet inconvénient, tous les cantiques sont spontanés. Il semble, en effet, dérisoire de lire à haute voix et tout au long les paroles d'un cantique dont tout le monde a le texte sous les yeux.

M. Cellier explique que cette coutume est très ancienne et provient probablement de ce qu'autrefois très peu de gens savaient lire, en sorte qu'on était obligé de lire aux auditeurs ce qu'ils devaient chanter, et ainsi peu à peu on savait toutes les paroles par cœur. Il semble même que les points d'orgue aient été inventés pour cela, ils permettaient après chaque phrase de lire le verset suivant.

M. Molines dit que la mesure prise à Toulouse ne saurait être appliquée partout. Dans la plupart des églises, beaucoup de gens n'ont pas de recueils de cantiques. Et il y a une manière de lire les vers d'un chant qui nuit nullement à l'impression générale d'un culte. On peut lire bien, on doit lire bien; et cette lecture peut parfois être émouvante.

M. Fabry appuie ce que vient de dire M. Molines en ajoutant que le pasteur doit préparer la lecture de ses cantiques. D'ailleurs, tout dépend des moyens dont on dispose (cantiques sur les bancs) et aucune mesure ne saurait être généralisée.

M. Cellier voudrait cependant qu'il y ait des cantiques sur tous les bancs. Il faudrait d'ailleurs également des éditions plus pratiques et moins luxueuses que celles de Berger-Levrault.

M. Lengereau se range à ce qu'a dit M. Fabry et formule le vœu si on réédite le recueil synodal ou si l'on édite un recueil nouveau, que les paroles soient toujours sur la même page que la musique, ou directement sous la musique et qu'il y ait toujours une ou quatre parties, et non pas comme dans certaines éditions, deux ou pas du tout.

M. Cellier dit que dans les vieilles éditions la musique était toujours publiée avec les paroles à chaque verset avec les variantes nécessaires, mais que malheureusement on publiait un recueil par voix; en sorte qu'aujourd'hui, pour reconstituer une mélodie, on doit aller chercher, le soprano à Paris, la basse à Munich, le contralto à Suttgardt et le ténor ailleurs.

M. Haein signale que très souvent on chante sur le même air des paroles qui expriment des sentiments absolument opposés. Bach, dans ses chorals pour les mêmes thèmes, avait toujours une harmonisation différente suivant ce qu'exprimaient les paroles. Puisqu'il y a pénurie de mélodies, ne pourrait-on pas, sur les quelques belles que nous possédons, mettre plusieurs cantiques. Ainsi l'auditoire chantant à l'unisson tout le monde pourrait chanter car on connaîtrait toujours les mélodies. Seul l'organiste posséderait un recueil spécial comportant toutes les harmonisations différentes adaptées aux paroles.

M. Cellier, dit qu'il faut faire attention de ne pas provoquer l'ennui ; d'ailleurs quoiqu'imprécise, la musique ne peut exprimer indifféremment une chose ou une autre. Nous sommes riches dans le passé, il n'y a qu'à y puiser.

La séance est levée.

Séance du Samedi soir, 14 heures.

RAPPORT DE M. HAEIN

Le Président remercie M. Haein pour son rapport qui nous a placé devant tous des préoccupations d'ordre moral et religieux extrêmement élevées, et au sujet desquelles on ne peut songer à ouvrir une discussion.

Profitant de cette dernière séance de travail, M. Tournier demande des collaborateurs pour le bulletin de Chant sacré. Qu'on envoie des suggestions et des morceaux.

M. Cellier appuie en disant qu'il y a un gros effort à faire, car le « Chant Sacré » a une œuvre très importante à accomplir : bulletin, publications et catalogue. L'idée d'une pareille publication était la préoccupation de M. Huguenin dont nous sommes malheureusement privés.

Le Président. — La rénovation du chant sacré est à l'ordre du jour un peu partout, en Suisse comme en France.

Nous cherchons surtout à créer des besoins à provoquer la préoccupation des pasteurs et des fidèles pour la musique religieuse.

On peut faire quelque chose. Depuis treize mois dans le Tarn, on fait un réel effort et on obtient des résultats. Il s'agit de se mettre au travail.

La séance est levée.

M. R. DE JARNAC

RAPPORTS

NOS CHANTS
ET LE TRÉSOR LITURGIQUE DU PASSÉ

INTRODUCTION

Pourquoi, dira-t-on, faire appel au trésor liturgique du passé? A quoi bon maintenir, ou même ressusciter, des textes anciens, démodés?

On se fait une idée fausse de ce que doit être le culte public, on ignore en pratique qu'il doit convenir à tous, aux ignorants comme aux gens instruits, à ceux qui sont heureux comme à ceux qui sont tristes. Il ne doit pas y avoir dans le culte une idée unique qui puisse froisser certains ou qui puisse seulement demeurer incomprise. La nourriture de notre âme doit être variée. Dans le culte, chaque tempérament doit trouver ce qui lui convient et il est nécessaire également que ce tempérament s'habitue à ce qui convient aux autres. Le chant, où chacun voudrait chanter à sa manière, serait une cacophonie et l'harmonie spirituelle qui rend un culte émouvant, empoignant, n'existe pas si l'auditoire n'est formé que d'égoïstes et d'orgueilleux. Il faut abdiquer un peu de sa personnalité dans ce qu'elle a de trop

personnel, non pas en présence d'un homme re-
présentant Dieu, non pas en présence d'un symbole, mais, spirituellement, en face de Dieu
lui-même. Un culte bien organisé, faisant appel
non aux sens mais aux sentiments profonds de
l'âme humaine, doit faciliter cette humilité, cet
esprit d'adoration.

Or nos cultes qui ont pour centre le sermon,
sont conçus d'une façon trop intellectuelle. Il ne
s'agit pas d'ôter aux liturgies de la Réforme le
caractère qui leur est propre, mais de donner plus
de place à l'adoration.

La plupart des fidèles qui fréquentent nos temples ne sont pas favorables aux innovations liturgiques. Au fond ils ont raison s'il s'agit de
protester contre les libertés excessives prises par
certains pasteurs qui, j'ai entendu ce mot plusieurs fois, « n'ont pas le sens du culte », c'est-
à-dire le sens liturgique.

Ces fidèles ont encore raison lorsqu'ils disent
que notre prédication, si elle tend à devenir de
plus en plus actuelle, ce qui peut être un bien, a
le tort néanmoins de devenir de moins en moins
biblique, ce qui est toujours un mal. Mais si, à
côté de cette prédication « au goût du jour » il y
avait au moins une partie liturgique soignée,
suffisamment riche et variée, ayant un caractère
suffisamment vénérable, un peu de cette patine
du temps qui, tout en rehaussant la valeur dog-
matique des textes, ôte à la forme un je ne sais
quoi de trop moderne et de « parvenu » ? Hélas !
non, cette liturgie, on la néglige complètement
chant languissant, passages bibliques mal lus,

prières qui sont d'ennuyeux discours adressés à un Dieu-Esprit qui n'a pas besoin de longues explications pour comprendre les sentiments qui sont au fond de nos cœurs!

En ce qui concerne le trésor liturgique du passé, je voudrais :

I. Examiner comment il pourrait compléter les éléments actuels de notre culte tels que la Réforme nous les a légués. Examiner ce qui s'est fait, dans le but d'améliorer ce qui se fait.

II. Faire appel à un élément nouveau, le cantique en prose, en utilisant les textes suivants: le Cantique de Zacharie, d'origine biblique; le Cantique des Trois Jeunes Hébreux, d'origine biblique extra-canonique; le *Te Deum*, l'Hymne du Matin ou *Gloria in excelsis*, le *Ter sanctus*, tous trois d'origine chrétienne antique.

I. — LES CHANTS LITURGIQUES
DE LA RÉFORME

Luther préconisait beaucoup le chant, tout le monde le reconnaît, mais on a accusé Calvin de simplement le tolérer, est-ce exact? Était-il tellement adversaire de la musique qu'on veut bien le dire?

La première liturgie réformée, « La manière et fasson quon tient es lieux que Dieu de sa grace a visités » et qui a pour auteur Farel, date de 1533 et a été rééditée en 1859. Elle ne fait pas mention du chant mais, six ans après, apparaît le premier recueil de chant réformé qui nous soit connu, « Aulcuns psaulmes et cantiques mys en chant. A Strasbourg, 1539 », recueil anonyme comprenant dix-huit psaumes, plus le cantique de Siméon, les Dix Commandements, tous trois avec musique. C'est le recueil dont se servait Calvin alors à la tête de la communauté française de Strasbourg.

Mais quelle était son opinion sur le chant? C'est ce que nous apprendront des citations prises dans ses œuvres. Calvin fait allusion au chant dans l'Ancien Testament et rappelle les chants à la dédicace du temple de Jérusalem (*Opera Calvini*, XXXIX, 6o, sur Jérémie 33); au chant dans le Nouveau Testament: « Et mesmes sainct Paul ne parle pas seulement de prier de bouche, mais aussi de chanter. Et, à la vérité, nous congnoissons par experience, que le chant a grand force et vigueur d'esmouvoir et enflamber le cueur des hommes pour invoquer et louer Dieu d'un zèle plus véhément et ardent. Il y a tousiours à regarder que le chant ne soit pas legier et volage ; mais ait pois et maiesté, comme dit sainct Augustin... Or entre les autres choses, qui sont propres pour recréer l'homme et luy donner volupté, la musicque est, ou la première, ou l'une des principalles: et nous faut estimer que c'est un don de Dieu député à cest usaige. Parquoy, d'autant plus nous devons regarder de n'en point abuser, de peur de la souiller et contaminer, la convertissant en nostre condamnation où elle était desdiée à nostre proffit et salut. » (*Opera Calv.* VI, 16g, Forme des Prières et Chants ecclésiastiques, Epistre au lecteur). Calvin fait encore mention du chant dans l'antiquité chrétienne en citant Pline: « qui écrivait, au moins 4o ans après la mort de

Paul, que les chrétiens avaient l'habitude de chanter au Christ des hymnes avant le lever du soleil. » (*Opera Calv.* XLIX, 522, sur I Cor. 14).

Si Calvin condamne le chant à quatre parties — on le lui a assez reproché — c'est pour condamner les seuls abus de l'Eglise romaine: « Certes, si le chant est accommodé à telle gravité qu'il convient d'avoir devant Dieu et devant ses anges, c'est un ornement pour donner plus de grâce et dignité aux louanges de Dieu; et est un bon moyen pour inciter les cœurs, et les enflamber à plus grande ardeur de prier; mais il se faut toujours donner garde que les oreilles ne soient plus attentives à l'harmonie du chant que les esprits au sens spirituel des paroles... Quand donc on usera de telle modération, il n'y a nul doute que ce ne soit d'une façon très sainte et utile; comme, au contraire, les chants et les mélodies qui sont composés au plaisir des oreilles seulement, comme sont tous les fringots et fredons de la papisterie, et tout ce qu'ils appellent musique rompue et chose faite, et chants à quatre parties, ne conviennent nullement à la majesté de l'Eglise et ne se peut faire qu'ils ne déplaisent grandement à Dieu. » (*Institution chrétienne*, III. ch. XX, p. 32 et Doumergue, *Essai sur l'Histoire du Culte réformé*, p. 83).

Calvin ne s'élevait donc pas contre la musique religieuse, mais contre les abus criants qui se faisaient jour à son époque. Il chercha à protéger Bourgeois contre les sévérités et les injustices du Conseil de Genève et il était l'ami intime d'un autre musicien, Davantès (*Culte réformé*, p. 82).

On peut conclure avec M. Douen: « Calvin voulait que tous chantassent, et chantassent bien, et que pour cela ils apprissent à chanter. Dans les collèges fondés sous son inspiration, tous les élèves consacraient quatre heures par semaine à la musique et au chant des psaumes dont ils chantaient en outre un grand nombre de strophes au culte du mercredi matin et à ceux du dimanche. » (*Encyclopédie des sciences religieuses*, chant d'église, p. 52 et *Culte réformé*, p. 86)

Revenant aux chants liturgiques dont se servait Calvin à Strasbourg, nous entendrons successivement: le cantique de Siméon, les Dix Commandements, le Credo. Quant à la liturgie de Genève, on comprend, en voyant la mentalité du Conseil, qu'elle ait été plus sobre, mais il y avait le chant des psaumes.

Le Cantique de Siméon. — Le voici, tel qu'il devait être chanté à Strasbourg d'après la photographie de l'édition de 1539, publiée à Genève en 1919:

> Maintenant, Seigneur Dieu,
> As donné en moy lieu
> A ta saincte promesse.
> Puysque ton seruiteur
> Sortir de tout malheur
> En bon repos tu laisse.
>
> Car mes yeulx clairement
> Ont veu le saulvement
> Auquel geist pleine ioye
> Que par ta bonté veoyr
> Et de toy recepvoyr
> Attendu tant t'avoye...

Les Dix Commandements. — Leur introduction dans le culte public avant la Confession collective des péchés constitue l'une des innovations de la Réforme. Nous voyons Calvin, à Strasbourg, faire chanter le Kyrie Eleison (Seigneur aie pitié de nous) après chaque commandement mis en vers:

> Oyons la Loy que de sa voix
> Nous a donné le Créateur,
> De tous hommes législateur
> Nostre Dieu souverain Roi. Kyrie Eleyson.

> Ie suis le Seigneur que tu doibs
> Seul pour Dieu seruir et aymer :
> Aultre Dieu faire ou renommer
> N'entreprendras deuant moy. Kyrie Eleyson.

> Image point ne forgeras
> Pour mon essence figurer,
> Pour inuoquer ou honorer,
> Ma gloire leur assignant. Kyrie Eleyson... (1)

Calvin faisait une prière entre le chant des deux tables (*Culte réformé*, p. 13).

L'usage du Kyrie chanté a prévalu dans l'Eglise anglicane après la lecture de chaque commandement:

Seigneur, aie pitié de nous, incline nos cœurs à garder ta Loi.

Et, après le dixième commandement:

Seigneur, aie pitié de nous, écris toutes ces lois dans nos cœurs, nous t'en supplions !

___

(1) Le texte du Cantique de Siméon et celui des dix commandements se trouve dans les *Opera Calvini*, tome VI, pp. 221, 222.

Nos vieux psautiers avaient le chant des commandements en vers dont notre recueil synodal contient encore le dernier verset :

> Seigneur, que ta voix efficace
> Convertisse nos cœurs à toi :
> Veuille, ô Dieu ! nous faire la grâce
> De te servir selon ta loi.

Le Credo. — Calvin, à Strasbourg, le faisait chanter. Le Doyen Doumergue a l'assurance qu'il était lu à Genève quoique la Liturgie de Genève n'en fasse pas mention.

(Exécution du Credo de 1539).

Qui oserait encore prétendre que le pasteur, au culte duquel on chantait ainsi, fût un ennemi né de la musique ? Abandonnons cette habitude coupable de juger Calvin à travers l'opinion de ses adversaires. et merci à nos amis de Mazamet d'avoir, par ces exécutions de la musique de 1539, — la première sans doute qui ait été faite en France — travaillé à la réhabilitation musicale du grand Réformateur !

Avant d'entendre le Credo de la liturgie Bersier, mentionnons-en un autre, celui de D. Courtois, élève du pasteur de l'Etoile, et dont la musique a été adoptée, il n'y a pas longtemps, par l'Eglise vaudoise du Piémont qui n'est certes pas suspecte de ritualisme.

II. — LES CANTIQUES DE L'ANTIQUITÉ
CHRÉTIENNE

Le Cantique de Zacharie (Luc 1 : 68-79), ou *Benedictus*, fait partie des recueils d'hymnes de l'antiquité (v. plus loin) et figure parmi les cantiques en vers de Pictet qui furent adjoints au psautier. L'Eglise anglicane le chante au service du matin.

Le Cantique des Trois Jeunes Hébreux dans la Fournaise (adjonctions apocryphes au livre de Daniel, ch. 3, comprenant les versets 52 à 88) ou *Benedicte omnia opera* (louez-le toutes ses œuvres). — Ces adjonctions au livre de Daniel dit le professeur Lucien Gautier (Introduction à l'Ancien Testament II, p. 407) « étaient des psaumes, des prières existant à l'état de pièces séparées, et qui, au moyen de quelques lignes d'introduction, ont été adaptées à la circonstance. On trouvait probablement étrange que, dans la position terrible où ils étaient, Azaria et ses compagnons fussent demeurés silencieux et n'eussent pas exprimé à haute voix leurs sentiments de confiance en Dieu. On y a suppléé par l'insertion de ces deux poèmes » (l'autre est la « Prière d'Azaria »).

Ce cantique est appelé dans le texte grec des Septante: le « Cantique de nos Pères », car il commence ainsi:

Tu es béni, Seigneur, Dieu de nos pères,
Tu es célébré et magnifié à toujours ;

Il est loué, ton saint nom, le nom de ta gloire,
Il est exalté et magnifié à toujours.
Tu es béni dans le sanctuaire de ta gloire sainte,
On te chante des cantiques et on te célèbre à
　　toujours.
Tu es béni, toi qui regardes les abîmes, toi qui es
　　assis sur les chérubins,
On te chante des cantiques et on te célèbre à
　　toujours.
Tu es loué sur le trône de ta royauté,
On te chante des cantiques et on te magnifie à
　　toujours.
Tu es loué dans le firmament des cieux,
On te chante des cantiques et on te célèbre à
　　toujours.

Au v. 57, commence le *Benedicite omnia opera*
proprement dit :

OEuvres du Seigneur, louez le Seigneur,
Louez-le, magnifiez son nom à toujours.

Puis il est fait appel aux louanges des puissances invisibles des cieux :

Anges du Seigneur, louez le Seigneur, etc.
Cieux, louez le Seigneur, etc.
Eaux qui vous trouvez par-dessus le firmament, etc.
Toutes les puissances du Seigneur, etc.

Ensuite aux puissances visibles :

Soleil et lune, louez le Seigneur, etc.
Astres du ciel, etc.
Pluies et rosées, etc.
Tous les souffles des vents, etc.
Feu et chaleur, etc.
Hiver et été, etc.

Rosées et gelées, etc.
Froids et frimas, etc.
Glaces et neiges, etc.
Nuits et jours, etc.
Lumière et ténèbres, etc.
Eclairs et nuages, etc.

Voici l'appel général à la terre :

Oh ! que la terre, loue le Seigneur,
Le loue et magnifie son nom à toujours !

Puis aux diverses parties de la création :

Monts et collines, louez le Seigneur, etc.
Plantes de la terre, etc.
Sources et fontaines, etc.
Océans et fleuves, etc.
Poissons et tout ce qui remue dans les eaux, etc.
Oiseaux de l'air, etc.
Animaux et bétail, etc.

Enfin à l'homme :

Enfants des hommes, louez le Seigneur, etc,
Oh ! qu'Israël loue le Seigneur, le loue, etc.
Prêtres du Seigneur, etc.
Serviteurs du Seigneur, etc.
Esprits et âmes des justes, etc.
Saints et hommes de cœur, etc.
Ananias, Azarias, et Misaël, louez le Seigneur,
      louez-le, magnifiez son nom à toujours !

Dom Cabrol, auteur de la *Prière antique*
(p. 32), ajoute à la citation du texte qui précède :
« Le sentiment qui remplissait l'âme du prophète
inspiré à la vue de toute les merveilles de la bonté
divine et de la création, est le même qui mettait

sur les lèvres de saint François d'Assise le fameux cantique du soleil. »

Le *Benedicite omnia opera* était d'un usage fréquent dans l'ancienne liturgie d'Espagne, dite liturgie mozarabique (Migne, Patrologie Latine, LXXXV, 534) et dans la liturgie gallicane qui est de la même famille, tandis que la liturgie romaine ne le faisait chanter que quatre fois par an. Au 4e siècle, il nous est dit qu'on le chantait avec les psaumes du matin et, au 6° siècle, il était prescrit par saint Benoît.

Le TE DEUM aurait, d'après la légende, été chanté par saint Ambroise au baptême de saint Augustin. On l'a attribué à Nicetas, évêque de Remesiana, en Dacie. Sur 120 manuscrits, on compte 49 titres anonymes, 48 attributions aux saints Augustin et Ambroise, 12 à Nicetus, évêque de Trèves (vi° siècle) ou à Nicetas (v° siècle), 7 à Sisebuth, roi wisigoth d'Espagne, 2 à saint Hilaire, évêque de Poitiers, 2 à Abundius, évêque de Côme. Il n'est pas fait mention du *Te Deum* avant la règle de saint Benoît. Son caractère est exclusivement latin (Dom Cagin, *Te Deum ou Illatio*, Paris, 1906, p. 319) et il doit dater du temps de l'unité liturgique primitive (ibidem, p. 403).

Voici le texte tel qu'il figure dans notre Liturgie synodale :

« Nous célébrons tes louanges, ô Dieu, et nous reconnaissons que tu es le Seigneur. Toute la terre t'adore, ô Père d'éternité. C'est à toi que les anges et toutes les puissances des cieux, c'est à toi que les chérubins et les séraphins redisent éternellement: Saint, saint, saint est l'Eternel, Dieu des armées.

« Les cieux et la terre sont remplis de la majesté de ta gloire. Le chœur glorieux des apôtres, l'assemblée vénérable des prophètes, la triomphante armée des martyrs célèbre tes louanges. Dans le monde entier la sainte Eglise te reconnaît et te confesse, ô Père, dont la majesté est infinie, ton Fils unique, vrai et adorable, et le Saint-Esprit, le Consolateur.

« Tu es le roi de gloire, ô Christ, tu es le Fils éternel du Père. Pour sauver les hommes, tu n'as pas dédaigné de prendre la nature humaine et de naître de la Vierge. Tu as brisé l'aiguillon de la mort et tu as ouvert à tous les croyants le royaume des cieux. Tu es assis à la droite de Dieu, dans la gloire du Père... Nous croyons que tu reviendras pour juger le monde.

« C'est pourquoi nous te supplions de secourir tes serviteurs, que tu as rachetés par ton sang précieux. Fais qu'ils soient du nombre de tes saints dans la gloire éternelle. Seigneur, sauve ton peuple et bénis ton héritage. Dirige tes enfants et les élève jusque dans l'éternité.

« Chaque jour nous te bénissons, et nous louons ton nom à jamais, d'âge en âge. Daigne, Seigneur, pendant ce jour, nous préserver de tout péché. Aie pitié de nous, Seigneur, aie pitié de nous. Répands sur nous ta miséricorde, Seigneur, comme nous avons espéré en toi.

« C'est en toi, Seigneur, que j'ai mis mon espérance; que je ne sois jamais confondu!

« Gloire soit au Père, au Fils, au Saint-Esprit, comme dès le commencement, aujourd'hui, toujours, et dans tous les siècles des siècles. Amen. »

L'histoire du *Te Deum*, bien que difficile à retracer, en fait principalement un cantique du Dimanche matin. La liturgie anglicane de 1549 le prescrivait pour chaque jour pendant toute l'année, exception faite du carême, où l'on chantait le *Benedicite omnia opera*.

L'HYMNE DU MATIN figure dans le manuscrit Alexandrinus (ve siècle) qui contient l'Ancien et le Nouveau Testament et 15 cantiques dont 8 tirés de l'Ancien Testament : cantiques de Moïse (Exode 15 et Deutéronome 32); prière d'Anne mère de Samuel (I Samuel 2 : 3-10); cantique et prière d'Esaïe (ch. 5 et 26)); de Jonas (2 : 3-10); d'Habacus (3 : 2-10); d'Ezechias (Esaïe 38 : 10-20). Ce manuscrit contient encore 3 cantiques tirés des apocryphes de l'Ancien Testament : cantique de Manassé, hymne d'Azaria et des Trois Jeunes Hébreux, 3 tirés du Nouveau Testament : cantique de Zacharie, ou *Benedictus*, de Marie, ou *Magnificat*, de Siméon, ou *Nunc dimittur*, 1 datant de l'antiquité chrétienne, l'Hymne du matin, appelé aussi *Gloria in excelsis* (IIe ou IIIe siècles), dont voici les paroles :

Gloire à Dieu dans les lieux très hauts,
Et paix sur la terre,
Bonne volonté envers les hommes.
Nous te louons,
Nous te bénissons,
Nous t'adorons,

Nous te rendons grâce
A cause de ta gloire qui est grande.
O Seigneur, notre roi céleste,
Dieu, Père tout-puissant,
Seigneur fils unique,
Jésus-Christ,
Et le Saint-Esprit.
Seigneur Dieu,
Agneau de Dieu,
Fils du Père,
Toi qui enlèves les péchés du monde,
Aie pitié de nous !
Reçois notre prière,
O toi qui es assis à la droite du Père !
Aie pitié de nous !
Car seul tu es saint,
Seul tu es Seigneur,
O Jésus-Christ !
A la gloire de Dieu le Père. Amen.

« C'est bien », écrit E. de Pressenssé (*Histoire des Trois premiers siècles de l'Eglise*, VI, p. 327), « une forme pareille que le cantique chrétien a dû revêtir à son début. On n'y trouve aucun effort pour chercher l'originalité de la pensée ou la beauté artistique de l'expression. Il puise ses éléments dans les récits sacrés et se plaît à redire le premier des hymnes de l'Evangile, celui qui avait retenti dans les plaines de Bethléem sur le divin berceau. Il se plaît à prolonger l'expression de son adoration, ne songeant qu'à l'épancher dans des paroles dont la monotonie ne le lasse pas parce qu'elles sont pénétrées d'une adoration réelle. Si le sentiment venait à s'affaiblir, rien ne subsisterait de ces premiers cantiques dépourvus de toute beauté de forme, nous n'aurions plus que des paroles vides, semblables à des voiles que n'anime plus le souffle du ciel et qui pendent inertes le long du mât. »

Ce cantique comprend une seconde partie qui a de grandes analogies avec certains éléments du *Te Deum* et contient plusieurs citations des psaumes :

> Jour après jour je te bénirai
> Et je louerai ton nom d'âge en âge. (Ps. 145: 2
>   et *Te Deum*)
> Daigne, Seigneur, en ce jour,
> Me garder de tout péché. (*Te Deum*)
> Tu es béni, Seigneur, Dieu de nos Pères
> Ton nom est loué et célébré d'âge en âge. Amen
>   (*Benedicite omnia opera*)
> Tu es béni, Seigneur, enseigne-moi tes jugements;
>   (Ps. 119 : 12)
> Seigneur, tu as été pour nous un refuge
> De génération en génération. (Ps. 90 : 1)
> Seigneur, je l'ai proclamé, aie pitié de moi,
> Guéris mon âme, car j'ai péché contre toi.
>   (Ps. 41 : 5)
> Seigneur, vers toi je me suis réfugié ;
> Enseigne-moi à faire ta volonté, car tu es mon
>   Dieu. (Ps. 143 : 9-10)
> Car auprès de toi est la source de la vie,
> Dans ta lumière nous voyons la lumière ;
> Oh ! étends ta pitié sur ceux qui te connaissent !
>   (Ps. 36 : 10-11)

Le Ter Sanctus, ou Trisagion (mots qui, en latin et en grec signifient : trois fois saint) est généralisé dans les Eglises grecque et latine avec certaines variantes. Il se trouve déjà dans la liturgie grecque dite de saint Jacques, qui fut, dans les débuts, en Syrie, la liturgie normale. On y reconnaîtra un verset du chapitre 6 d'Esaïe et l'Hosanna des Rameaux (Matth. 21 : 9) :

> Saint, saint, saint est le Seigneur des armées
> Le ciel et la terre sont remplis de sa gloire
> Hosanna dans les lieux très hauts !
> Béni soit celui qui vient au nom du Seigneur,
> Hosanna dans les lieux très hauts !

L'Eglise luthérienne de France le chante sous cette forme :

> Saint ! saint ! saint ! est le Seigneur notre Dieu !
> La terre entière est remplie de sa gloire.
> Hosanna ! hosanna ! dans les cieux !
> Béni soit celui qui vient au nom du Seigneur,
> Hosanna ! hosanna ! hosanna dans les cieux !

CONCLUSION

Sans rien changer à l'ordre liturgique actuel, j'émettrais le vœu que le *Te Deum* (qui figure déjà dans notre liturgie synodale), le « Bénissez-le toutes ses œuvres » et le « Cantique de Zacharie » soient chantés alternativement, suivant les périodes de l'année ecclésiastique, entre la lecture de l'Ancien et celle du Nouveau Testament. A Noël, on chanterait le cantique de Marie, ou *Magnificat* et, à Pâques, les deux passages des Corinthiens qui sont chantés dans l'Eglise anglicane et qui commencent ainsi : « Christ notre

Pâque a été immolé... » (1 Cor. 5 : 7) et : « Mais maintenant Christ est ressuscité... » (1 Cor. 15 : 20). On aurait ainsi l'ordre suivant :

> Avent — Cantique de Zacharie.
> Noël — *Magnificat.*
> Après Noël — *Te Deum.*
> De la Septuagésime à Pâques — *Benedicite omnia opera.*
> Pâques — « Christ notre pâque a été immolé... »
> Pâques à la Trinité — *Te Deum.*
> Après la Trinité — *Benedicite omnia opera.*
> Fête de la Réformation — *Te Deum.*

Le *Te Deum* compléterait fort heureusement la lecture, ou le chant du Credo, et le « Bénissez-le, vous toutes ses œuvres » apporterait à notre culte un élément primesautier et naïf qui lui fait totalement défaut. Quant aux autres cantiques, ils sont bibliques, donc ils nous sont déjà acquis.

Le chant serait celui de la prose avec musique scandée, perfectionnée avec l'usage. Les mélodies pourraient varier — inutile de copier l'Angleterre — à mesure que l'inspiration des organistes enrichirait le répertoire.

La Réforme a été trop loin dans l'abolition des chants liturgiques, surtout à Genève, puisque l'Eglise de Calvin, à Strasbourg, en employait certains. Les différents cantiques dont il vient d'être question existaient avant que l'Eglise catholique ne fût ce qu'elle est actuellement. Ils font partie de l'héritage commun qui nous a été légué par l'antiquité chrétienne et, à côté des Psaumes qui nous sont si chers, à nous Huguenots, ils méritent d'être appelés aussi les cantiques de nos Pères. Il y aurait là tout un champ nouveau à explorer pour l'art protestant et un élément d'édification de plus à apporter à notre culte qui gagnerait beaucoup à être enrichi sans que nous soyons infidèles pour cela à nos traditions.

Introduire plus d'adoration dans nos cultes, c'est, nous l'avons dit, réagir contre notre orgueil. Or, seule notre humilité nous conduira au réveil religieux que nous appelons de nos prières. Le réveil religieux, c'est une Eglise rajeunie et une France nouvelle.

GLOIRE A DIEU DANS L'ÉGLISE ! AMEN.

M. Alexandre CELLIER

RAPPORT
sur la réalisation musicale pratique dans les Églises Réformées.

———

Toute question doit être envisagée, non seulement sous son aspect idéal et théorique, mais sous son aspect pratique et réalisable et j'estime que ce second point de vue est le plus opportun à cette heure. Au risque que l'on trouve la remarque un peu sévère, il est palpable qu'en fait de musique, dans nos églises, ce sont les exhortations et vœux spirituels que l'on entend plus souvent que de positives, mais nécessaires réalisations temporelles. Il est donc nécessaire de se rappeler à propos de musique le mot de Guizot : « La parole prépare, mais n'achève pas », et affirmer que la réalisation sérieuse d'un programme musical n'est pas chose aisée, surtout par ces temps difficiles.

La vie musicale des églises dépend trop, comme beaucoup d'autres choses, d'initiatives individuelles et isolées n'arrivant pas à assurer autorités et bonnes traditions durables. Le chant marche bien ici, ailleurs c'est un rite psalmodié sans conviction; ici les mouvements de cantiques sont rapides, là ils sont lents et, soit dit en passant, rien n'est plus fâcheux que ces opinions extrêmes qu'il faut chanter vite ou lentement car c'est le sentiment et le caractère des morceaux qui doivent en décider et point autre chose. La pénurie de musiciens protestants ayant fait des études musicales approfondies et l'absence d'autorité qui en résulte empêchant le niveau de se relever nous fait désirer que la jeunesse actuelle songe à cette cause de non-progrès et que les Eglises puissent encourager matériellement et moralement ceux qui voudraient se consacrer à la musique, cet art pour l'étude duquel une longue existence n'est pas de trop. En comparant l'état musical peu florissant des Eglises françaises comparé à celui des églises réformées et luthériennes étrangères, nous en rendrons logiquement responsable le fait que c'est depuis le Concordat seulement que le protestantisme français a eu le droit de s'organiser. Or, comme dit Hugo, cent ans c'est la vieillesse d'une maison et c'est la jeunesse d'une église. Il résulte de cette constatation qu'il ne faut point trop reprocher aux églises leur indigence musicale, mais seulement leur ignorance des moyens pratiques d'y remédier ; de plus, l'attachement mal compris à la noble tradition du chant par l'assemblée peut, s'il est étroitement envisagé être une cause de laisser-aller et de non-progrès.

Aux temps héroïques du Désert, rien d'autre ne pouvait être que ce chant à l'unisson par des foules ferventes, dont la persécution attirait le zèle et rien ne pouvait être plus beau. Mais vérité autrefois, erreur aujourd'hui que de compter sur le train-train dominical, sur de tranquilles réunions en des temples bien chauffés en hiver et frais en été pour réveiller le zèle pour le chant ; il faut autre chose et avoir recours à l'étude sérieuse des Arts de la paix qui, comme on le voit sur les vieilles estampes allégoriques, refleurissent après les guerres. Puisqu'on vit en paix et en liberté, il faut faire connaître à la jeunesse non seulement la fruste mélodie du désert ou le vulgaire cantique de recueil, mais la musique composée par Goudimel « pour s'esjouir chez soi ès maisons ». Il n'est pas téméraire d'affirmer que la Réforme a inspiré les plus sublimes langages religieux depuis la Renaissance et c'est une source d'édifications intarissable que la musique d'un Bourgeois, d'une Goudimel, d'un Schütz, d'un Bach ou d'un Haendel. La Bible n'a pas connu de plus éloquents et persuasifs commentateurs musicaux et le premier devoir est de mettre en lumière l'inspiration chrétienne la plus haute et la plus indiscutable.

Pour rester conséquents avec nos propres prétentions, abordons les problèmes de la réalisation pratique. Qu'a-t-on fait et que faut-il faire pour la musique sacrée :

1° Qu'a-t-on publié ?

Sans parler des psaumes dont le sujet a été traité par ailleurs, examinons les *Cantiques* : si l'on ne prête qu'aux riches, les pauvres sont obligés d'emprunter aussi et pas toujours aux meilleures caisses. Faute d'avoir eu, depuis les Psaumes, de bons compositeurs français on a emprunté un peu partout, puis quelques œuvres modernes s'ajoutèrent aux mélanges. Détaillons, pour nous servir de base, le recueil synodal actuel qui coûta tant d'efforts au très regretté pasteur de l'Etoile, Isaac Picard. On y trouve :

1° Emprunts au choral luthérien, fort heureux en général, aux traductions françaises près.

2° Emprunts moins heureux aux œuvres d'origine anglaise ou américaine dont certains sont insignifiants ou de mauvais goût.

3° Emprunts plus inopportuns encore aux œuvres instrumentales de Mozart, Haydn, Beethoven, etc., qui n'ont nullement un caractère choral propre au chant collectif et dont les rythmes instrumentaux n'ont rien à voir avec l'art vocal.

4° Emprunts aux œuvres vocales des maîtres, plus heureux en général quoiqu'une mélodie n'ait pas toujours un vrai caractère choral ; d'ailleurs, ici comme ailleurs la prosodie musicale laisse trop souvent à désirer.

5° Productions modernes. — Quoique destinées aux chants par l'assemblée, elles se conforment rarement aux lois du chant choral. N'a-t-on pas observé que ces rythmes dépourvus de simplicité subissaient d'étranges fluctuations par exemple la fin du cantique : O Dieu, toi dont l'amour, où une dégringolade de croches arrivant sur une blanche pointée, provoque toujours un désarroi pénible. Et d'autres chants dont le style de romance est aux antipodes des exigences liturgiques.

Je ne voudrais pas paraître trop sévère car, faute d'école et de tradition, on a fait ce qu'on a pu pour fournir des chants aux églises. La bonne volonté était indéniable, mais seul le génie des siècles et des foules s'impose sans réplique et

Bach lui-même dont nous préconisons les chorals n'est que l'harmoniste génial qui porte à son point de perfection d'anonymes mélodies que le temps lui a confié parce qu'elles lui ont résisté. Les lentes transformations des mélodies de psaumes et chorals nous prouvent que beacoup coopèrent en somme à tout œuvre définitive et que notre époque, avec son culte outrancier de l'individualisme et son mépris ignorant du passé ne fait pas souvent œuvre d'art viable.

Le vœu le plus cher de M. Picard était de faire publier Cent chants religieux pour l'assemblée, sévèrement choisis et empruntant le plus possible aux chorals de Bach. Jee ne fais qu'y souscrire, ainsi qu'à tout vœu analogue, tel que la fondation d'un journal de musique religieuse, quelque chose comme le *Chant sacré* prenant plus d'envergure, avec gravures, musique, courrier, renseignements, etc.

Comment doit chanter l'Assemblée et comment la faire chanter.

L'antique institution du chantre contre laquelle M. le doyen Doumergue a fait campagne quoiqu'elle remonte à Calvin, tend à disparaître. Elle eut cependant son utilité quand, faute d'harmonium ou d'orgue, il fallait faire démarrer l'attelage et surtout lorsqu'on ne tolérait pas d'instrument, ainsi qu'il ressort du passage d'un auteur affirmant que Calvin eut vendu les orgues, s'il y en avait eu à Saint-Pierre de Genève. De nos jours, l'initiative de l'attaque sera plus opportunément confiée au chœur adjoint à l'orgue.

Mélodie ou harmonie? — Doit-on chanter à l'unisson ou en parties dans l'assemblée ? Notre avis est que le seul vrai chant d'assemblée possible pratiquement est le chant à l'unisson. Que signifie en effet, en l'état actuel des choses le pourcentage infinitésimal des voix d'alto, ténor et basse chantant leurs parties au milieu des voix qui ne connaissent et ne chantent que la mélodie! *Rari nantes in gurgite vasto* et l'effet pour l'oreille en est nul. Je sais, hélas, qu'en de petites églises de pays étrangers, il en va autrement et qu'on y entend l'assemblée chantant en partie avec une répartition équilibrée des voix. Mais n'y songeons pas chez nous et, de plus, le chant à l'unisson a un primitivisme et un caractère à lui que je ne conseille pas d'abandonner.

Chants spontanés. — Les départs de chants spontanés a toujours été une question épineuse à résoudre surtout pour les églises n'ayant pas de chœur groupé. Plusieurs systèmes sont préconisés sans qu'aucun soit parfaitement efficace et le mal vient de ce qu'on est ni très musicien, ni très entraîné. On est timide, on n'ose attaquer, on n'est pas très exact aux répétitions; quant à la liturgie, quoiqu'elle ne soit pas de mon ressort, je ne puis que déplorer l'arbitraire et la fantaisie qui font que chaque groupement a ses petits usages et préférences et qu'on ne s'y reconnaît guère d'une paroisse à l'autre.

Le remède serait d'unifier la liturgie en un recueil *ne varietur*, mais proposant plusieurs versions liturgiques avec musique spéciale pour chacune. Ce serait là un bien grand travail, mais cela ne serait-il pas plus utile que de disperser l'effort des presses faciles et parfois éphémères en discussions ou paroles peu opérantes ? Quant aux moyens pratiques d'assurer l'attaque des chants spontanés, on préconise :

1° De faire donner le ton par l'orgue. Ce système a l'inconvénient d'ôter justement au chant son caractère de spontanéité. On pourrait en atténuer le mauvais effet en ne donnant que la note de la mélodie très doucement et attaquer l'harmonie *forte* avec l'auditoire.

2° Ne pas donner le ton. — Cela condamne aux faux départs, sauf dans le cas où un chœur exercé attaque avec l'orgue. Mieux encore, la baguette d'un chef peut être une indication utile.

Le chœur d'église et sa fonction. — Qu'on le veuille ou non, il n'est pas possible d'écarter d'une église tant soit peu importante le principe d'un chœur faisant entendre d'autres chants que ceux de l'assemblée. Il n'est pas de religion au monde dont les cérémonies puissent se passer d'un groupe sélectionné pour chanter dans certaines cérémonies. Il y a en effet un côté de l'expression religieuse qui ne peut être rendu que par un groupement dont les éléments possèdent un certain savoir et une cohésion assurant *l'expression* parfaite, ce mot pris dans le sens *d'exprimer* parfaitement. Au chant par l'assemblée sont dévolus les accents rudes et forts, les rythmes simples, l'expression impersonnelle ; au chant sont dévolus les accents plus expressifs, plus mystiques, le rôle plus dramatique dans le Récit des Passions où, même le soliste, devient indispensable. Le chœur élève sa voix afin que les fidèles se recueillent à leur tour, c'est la tribu de Lévi musicale, ce sont ceux qui ayant reçu le don du chant doivent le mettre en lumière.

Le chœur aura donc un répertoire dont les rythmes seront plus délicats et plus riches que ceux du choral et de psaume notre contre note.

C'est pour lui que Goudimel a écrit ses versions de Psaumes les plus ornées et Bach ses grands chœurs des Cantates et des Passions. De plus, le chœur a aussi pour mission d'entraîner le chant d'assemblée et là, sa mission n'est pas de moins nécessaires.

Répertoire. — C'est une erreur trop répandue que de croire que la belle musique est plus difficile que la musiquette ; sans doute, mal interprétée elle peut rester incompréhensible, mais il existe des œuvres sublimes extrêmement simples comme des œuvres médiocres que l'on a bien du mal à mettre en place. Le difficile est de concilier toutes exigences selon les moyens dont on dispose, et d'approprier les chœurs aux circonstances. Beaucoup de beaux chœurs de Bach et d'Haendel par exemple se passant difficilement des instruments d'orchestre, il faut de laborieuses recherches pour trouver ce qui convient pour être accompagné par l'orgue seul ; de plus, il n'y a pas assez d'œuvres traduites et bien traduites, sans parler des œuvres mutilées et déformées.

Un catalogue comme celui de M. Gaston Tournier est appelé à rendre bien des services, sans dispenser pour cela de bien des difficultés pratiques que connaissent les musiciens de carrière autant que les autres. Il y a en particulier certaines fêtes comme Pâques par exemple pour lesquelles il y a pénurie de chœurs, à moins de tomber dans les ponts-neufs laudatifs et exclamatoires en l'honneur du Christ réssuscité. Nous avons tenté, à l'Etoile, de puiser dans le colossal répertoire des 190 cantates de Bach qui pourvoient théoriquement à tous les besoins ; malheureusement on se heurte aux difficultés suivantes :

1° La nécessité d'un petit orchestre, au moins quintette à cordes ;

2° L'impossibilité de remplacer certains instruments n'existant plus aujourd'hui ou seulement joués par des spécialistes de grandes villes,

3° Le fait que sur ces 190 cantates il y en a une vingtaine au plus traduites en français ;

4° L'absence pour certaines de matériel choral et instrumental imprimé en dehors des partitions piano et chant ;

5° La difficulté réelle, non insurmontable pour les chœurs, mais beaucoup plus grande pour les airs de solistes ;

6° L'absence de partie d'orgue réalisée, l'usage de l'époque étant d'indiquer par des chiffres les accords réalisés par l'orgue et nos organistes actuels, même les plus éminents ne sachent plus réaliser *à vue* d'après les chiffres.

Ces six difficultés capitales ou ce livre aux six cachets ne doit pas décourager de remettre en honneur l'œuvre de ce saint de la musique J.-S. Bach, notre père à tous, comme disait Haydn. Mais c'est à l'imprimerie à résoudre la question et aux vulgarisateurs de déblayer le chemin du sanctuaire.

D'ailleurs, si l'exécution intégrale est chose malaisée il y a des fragments accessibles et surtout les chorals extraits de cantates et des Passions qui sont à la portée de tous.

En revanche que de versions authentiques de nos Psaumes, n'ayant besoin que d'un bon chœur, peuvent être chantées facilement ! En passant, je signale les éditions des plus fidèles d'après les rarissimes exemplaires de l'époque, dues à M. Henri Expert, bibliothécaire du Conservatoire de musique.

Cela sans préjudice des autres grands maîtres dont on a fait également des publications utiles.

Comment faire travailler les chœurs. — Les méthodes de travail défectueux font perdre beaucoup de temps et on ne saurait trop veiller à soigner les répétitions; sans parler de l'assiduité et de l'exactitude, il faut pratiquer un grand ordre musical pour obtenir de bons résultats.

L'expérience prouve qu'il est bon de rapprocher le plus possible les répétitions de la date des exécutions et de serrer de plus en plus lorsqu'on approche de l'exécution. Une bonne exécution peut se comparer à une maison qu'il faut tenir nette pour un jour fixé et qu'on ne peut mettre en état quinze jours à l'avance. De plus, on tient mieux son monde et les résultats étant meilleurs les choristes s'y intéressent davantage.

On ne saurait trop recommander le travail divisé : convoquer d'abord ensemble sopranos et altos, ou même s'il y a grand nombre de voix séparément, ensuite ténors et basses ; il vaut mieux des répétitions courtes et bonnes et un des inconvénients de convoquer toutes les voix en même temps est que les uns bavardent pendant que les autres travaillent.

Le chef ne doit pas avoir la fâcheuse méthode de faire rabâcher uniformément un chœur d'un bout à l'autre, après une lecture des notes, il passera à l'étude avec les paroles et il devra juger les points à travailler spécialement. Ne pas fatiguer les chanteurs au début et ne pas les obliger à tenir les points d'orgue aux premières répétitions. L'orgue soutiendra les études du début, non pas en jouant l'accompagnement, mais en jouant simplement la partie travaillée et la doublant à l'octave inférieure.

Les parties de chœurs devront être très lisibles et les respirations seront soigneusement indiquées et les nuances aussi; un bon matériel c'est le tiers d'une bonne exécution. Il faut obtenir l'opposition absolue entre le *forte* et le *piano*, le chant à pleine voix et le chant en demi-teinte ; *faire articuler fortement les consonnes* car elles donnent l'expression et de la précision au chant. Pour les intonations difficiles, habituer le chœur à les chanter progressivement avec le moins de soutien possible et même *a capella*.

Choristes bénévoles ou rétribués. — Les opinions absolues ont toujours tort et quoiqu'il soit toujours désirable qu'un chœur d'église soit formé avec les fidèles, nous avouons ne pas partager le préjugé que l'on a contre l'engagement de personnes rétribuées pour chanter, quand on peut le faire et si cela doit assurer de belles exécutions. Ne vaut-il pas mieux encourager de la sorte des capacités musicales, les attacher à l'église et leur fournir l'occasion de chanter de belle musique, tout en rétribuant le temps consacré, surtout si l'on doit négliger un travail quelconque ? Il est peu logique qu'on accepte que le maçon ou le menuisier qui construit ou répare le temple soit payé pour cela alors qu'on trouve déplacé d'en faire autant pour des chanteurs et chanteuses de valeur dont le concours comme chef d'attaque de chœur ou comme soliste assureraient une bonne exécution et inspirera confiance aux amateurs ? Evidemment peu d'églises peuvent le faire dans l'etat actuel des choses, mais il serait désirable que le principe du salaire musical ne soit pas écarté à priori par l'effet d'un sentimentalisme sans objet qui doit céder devant le sentiment réel que ce n'est point trafiquer des choses saintes que de s'assurer d'honorables concours, pour un salaire honorable et pour des fins nons moins honorables.

Musique d'orgue et le rôle de l'organiste et du chef de chœur.

L'orgue dont les sons immuables évoque l'idée d'éternité et de stabilité majestueuse, l'instrument religieux indiscuté aujourd'hui n'a pas toujours connu l'accueil favorable qui lui est fait dans les églises. Les preuves subsistent que l'orgue fut considéré comme instrument suspect de signification profane et Saint Thomas d'Aquin en fut l'adversaire comme Calvin.

Au chapitre *Genève*, de l'Encyclopédie de Diderot et d'Alembert, on lit : « Le service divin à Genève renferme deux choses : la Prédication et le Chant ; le chant est d'assez mauvais goût et les vers français plus mauvais encore. Il faut espérer que Genève se réformera sur ce point... On vient de placer un orgue dans la cathédrale et peut-être parviendra-t-on à louer Dieu en meilleur langage et meilleure musique ».

Dans l'église luthérienne, nous voyons au contraire que l'orgue, non seulement ne se borne pas à accompagner les chants, mais alterne avec le chœur, prélude au choral, joue pendant la communion et peu à peu s'entoure d'instruments et de voix choisies.

De nos jours, le rôle de l'orgue tend à s'extérioriser, non seulement dans le culte, mais dans tous les actes religieux ; on préconise également les auditions de musique religieuse, les concerts spirituels reviennent en faveur et affirment un libéralisme de bon aloi qui nous vaut les sympathies des amateurs de musique religieuse sans distinction de foi et d'opinion. On possède quelques beaux instruments dans nos temples, mais le côté fâcheux est l'insuffisance d'organistes, les églises étant pour la plupart bien empêchées d'assurer aux musiciens de carrière les honoraires qui leur permettraient de se donner sans réserve à leur tâche. De plus, l'idéal serait d'avoir organiste et chef de chœur ; le plus souvent, le titulaire cumule, à l'exemple de certains organistes anglais qui sont à la fois organiste de grand orgue, de chœur et de chef de chœur, ce qui ne donnent pas de bons résultats, malgré l'installation des orgues et des choristes dans le chœur des églises.

Comme organisation pratique, on pourrait s'inspirer de celle qui existait à Saint-Thomas de Leipzig du temps de Bach et préconiser que l'organiste qui, par difinition et celui qui doit avoir le plus d'acquit musical et dont la fonction est importante soit le vrai maître de chapelle. L'idéal, en ce cas, serait que, de même qu'en l'église de Bach, il y ait un second organiste pour accompagner les chœurs. Mais on peut très bien avoir un chef de chœur capable dont l'unique fonction soit de faire travailler le chant. Pour les chants habituels du dimanche, un organiste adroit peut se contenter de grouper autour de lui les choristes, surtout s'il peut être facilement vu, et assurer le départ par un signe de tête ou une main libre.

L'essentiel, s'il doit y avoir collaboration est d'éviter aux répétitions les parlottes ou discussions stériles et que chacun faisant à sa tête, il n'y ait ni considération ni discipline. En principe, une seule volonté à raison, même si elle n'est pas dans le vrai et la fable de l'Hydre à plusieurs têtes doit être méditée en fait de direction musicale.

En général, il est à souhaiter, tant pour les chefs que pour les collaborateurs qu'il y ait progrès musical général en France et que dès l'école commence l'étude sérieuse de ce B A B A de la musique: *Le Solfège.*

Comment accompagner les cantiques. — La question a été agitée de savoir si l'organiste accompagnant une assemblée devait suivre l'assemblée ou si c'est l'assemblée qui doit le suivre ; il est cependant de la plus élémentaire logique de ne même pas poser la question : car autant demander si le berger doit suivre le troupeau ou le troupeau le berger. Comment se plier au mouvement et au rythme individuel de chacun ? C'est à l'orgue à imposer son rythme sans conteste et voici quelques recommandations : « Pour imposer son rythme il faut le faire comprendre ce qui est plus difficile sur l'orgue que sur le piano car l'orgue n'a pas d'accents. Deux seuls moyens sont praticables :

1° Les *respirations*, c'est-à-dire ne pas craindre, non seulement de lever les mains au point d'orgue, mais respirer avec l'auditoire et même détacher les passages qui doivent être rythmés.

2° Ne jamais se laisser impressionner par le retard de l'auditoire, si désagréable que ce soit pour l'oreille et continuer inflexiblement le rythme que l'on se propose. Si on obéit à un retard, ce sera de concessions en concessions ces mouvements lents, tortueux et boîteux qui tuent le chant.

Il faut soutenir de son mieux le chant par les basses du pédalier, et doubler avec les mains à l'octave si l'on peut. De même à l'harmonium doubler les basses en octaves et jouer à l'octave aigu la main droite surtout s'il y a les jeux de 16 (clarinette et bourdon).

Emplacement des orgues, et disposition des tribunes.

Les personnes compétentes étant celles qu'on ne consulte que rarement pour l'emplacement des orgues, il s'en suit que nous avons des installations pratiquement inutilisables dans beaucoup de temples. En particulier on ne se soucie que rarement d'installer l'orgue de façon à ce que les choristes puissent se grouper autour du chef et que ce dernier soit visible pour l'organiste.

On devrait éviter également de placer les orgues trop haut car elles sonnent mal et le contact est perdu avec l'auditoire ; une tribune basse avec orgue au fond ou sur les côtés, avec de la place devant la console constitue la meilleure disposition. L'usage des bancs est à déconseiller pour une tribune car il est difficile de réaliser les groupements variés nécessaires pour les exécutions. Tout au plus des gradins légèrement surélevés au fond rendront des services pour la visibilité.

Maître de chapelle régional. — Nous avons parlé plus haut du manque de musiciens de carrière attachés aux églises protestantes et des difficultés évidentes pour se les attacher. Ne pourrait-on pas, pour les régions où chaque paroisse ne peut isolément s'attacher un artiste créer une fonction de maître de chapelle régional, d'inspecteur musical qui, restant attaché pour les occasions importantes à une paroisse importante serait tenu d'aller dans la région donner des conseils, diriger les répétitions, fournir la musique, classer les voix, etc., etc. ? La tâche des pasteurs et de leurs collaborateurs bénévoles serait singulièrement facilitée de ce fait et bien des économies des temps et d'argent en résulteraient.

CONCLUSION

Quelque soient les remèdes que l'on puisse recommander pour faire sortir du marasme le chant sacré, rien ne sera efficace si la musique ne doit pas être pour chacun, non pas du superflu, mais du nécessaire, c'est-à-dire non une brillante parure des textes sacrés, mais un souffle éloquent qui nous les fait mieux comprendre et les vivifie. Nous ne comprenons les langues anciennes, pas plus que les langues actuelles que si nous les étudions spécialement, mais la musique se comprend d'une époque à l'autre et d'un pays à l'autre. Cet Art n'a atteint son point de plus haut développement que depuis trois ou quatre siècles et c'est peut-être pàrce qu'il est le plus *moderne* des Arts qu'il sera ainsi le plus utile. La plupart des grands musiciens, et surtout ceux qui ont composé sur les textes sacrés, sont nés pauvres et sont morts pauvres. Nous devons donc les écouter d'autant mieux que leur foi fut en raison directe de leur pur génie et que morts, ils parlent encore.

Alex. CELLIER.

M. E. HAEIN

LE ROLE
DE L'ESTHÉTIQUE MUSICALE
dans la vie morale et religieuse.

MESDAMES, MESSIEURS,

Ce n'est pas sans une certaine crainte que j'aborde aujourd'hui devant vous un sujet aussi important et aussi ample par ses proportions que l'est celui du *rôle de l'esthétique musicale dans la vie morale et religieuse*. Cela peut sembler hardi de la part d'un jeune homme tel que moi, n'ayant pas pour lui le capital de l'expérience et l'autorité que confère une véritable carrière d'artiste. Mais si j'ai accepté de vous entretenir de cette grave question, j'y ai été poussé par les motifs qui m'ont moi-même décidé, il y a quelque temps déjà, à étudier le problème des rapports de l'art et de la foi; problème angoissant à vrai dire lorsqu'il est envisagé sérieusement. J'espère que vous serez sensibles à ces motifs et que vous ressentirez cette angoisse, lorsque j'essaierai tout à l'heure de vous exposer les principaux aspects de la question. Pour moi, il en a été longtemps ainsi au cours de ma préparation au saint ministère jusqu'au jour où j'ai entrevu cette lumière. C'est parce que je n'ai pu jusqu'à cette année me dérober au conflit qui, malgré moi, se livrait dans mon cœur entre l'amour de l'art et l'amour de Dieu, que je viens vous faire part de ces difficultés; car je pense n'être pas le seul à les avoir éprouvées, et peut-être ces difficultés sont-elles les vôtres. Puissiez-vous comme moi les surmonter ! Je veux surtout vous dire quelles lumières ma faible foi m'a apportées, grâce auxquelles le doute s'est enfin évanoui en moi devant la certitude que j'ai désormais acquise de la grande mission religieuse de l'Art.

Une citation d'Hildebrand, lue par M. A. Cellier, au cours de sa conférence de ce matin, posait déjà en la résolvant la question que j'envisage maintenant devant vous. Il s'agissait du rôle dévolu à l'art musical dans la vie morale et religieuse ; et, avec Hildebrand, M. A. Cellier affirmait l'union indissoluble de l'Art et de la Foi, le rôle toujours bienfaisant, spiritualisant de la musique qui élève les âmes vers les pures régions du divin. Hélas! s'il en a été ainsi dans certaines périodes de l'Histoire, peut-on en dire autant de nos jours ? Ne faudrait-il pas pour cela que tous les hommes fussent chrétiens ou, tout au moins, que la religion ait tant imprégné de sa teinte unique la société, les mœurs et les habitudes de pensées collectives qu'il ne puisse plus exister d'autre tendance de l'art que celle qu'Hildebrand présente comme la caractéristique même de la musique? Or, il n'en est pas ainsi malheureusement dans notre société contemporaine. L'art y joue certainement un grand rôle. Mais il tend de plus en plus à s'émanciper des soucis moraux et religieux. Parfois même il s'érige en antagoniste

de toute religion établie ; et l'artiste d'aujour-
d'hui, différant en cela de l'artiste d'autrefois,
fait offrande de son œuvre non plus à la Divinité
morale de l'Evangile, mais à la Beauté en quelque sorte divinisée, faisant ainsi de son art un
domaine exclusif de la foi religieuse proprement
dite et exigeant comme elle un acquiescement
total de l'esprit.

De cette manière, le problème des rapports de
l'Art et de la Religion se présente sous la forme
d'un dilemme : d'un côté, l'art, exclusif dans ses
tendances, nous apparaît comme dégagé de toute
obligation morale et indépendant de tout idéal,
hormis celui de la Beauté ; de l'autre, la religion
reste ce qu'elle a toujours été pour le chrétien,
aussi exclusive et aussi souveraine dans ses exigences, demandant de la part de l'individu une
consécration également totale, et donnant un sens
moral aux manifestations les plus diverses de
la vie.

Tel est le dilemme théorique qui se pose à la
conscience du chrétien. Tout semble d'ailleurs le
fortifier. L'éducation du sentiment esthétique ne
se propose généralement pas d'autre idéal que
celui du pur éclectisme et, si l'on parle de culture
artistique, il faut évidemment entendre par là
cette faculté particulière que possèdent certains
esprits de pouvoir être sensibles à des expressions
d'art divergentes et souvent même antagonistes.

Or il n'en va pas ainsi sans une certaine désor-
ganisation et en quelque sorte une décentralisa-
tion de la vie intérieure. De cette manière s'ac-
complit le divorce de l'Art et de la Foi, qui de

théorique devient réel. Car chacun d'eux se fait
le propulseur de forces contraires au sein même
de la conscience. L'un et l'autre il est vrai prétendent à une fin analogue : la simplification la
plus grande possible de l'être intérieur. Mais chacun y prétend, mettant en œuvre deux forces antagonistes l'une de l'autre : l'un, la force morale;
l'autre la force de la vie instinctive. L'un y par-
vient en ramassant la conscience sur elle-même,
en lui donnant un fort sentiment de sa liberté
par le moyen de l'expérience morale ; c'est la foi.
L'autre, au contraire, soustrait l'âme à l'expérience même de sa liberté, la ramène à une vie
plus spontanée, plus élémentaire aussi parce que
plus instinctive; vie généralisée, pour ainsi dire,
à tout ce qui l'entoure et la pénètre, un peu à l'i-
mage de ce Dieu Tout des panthéistes qui est bien
le symbole de la vie la moins organisée qui soit.
Tel est dans ses tendances le principe de l'art pour
l'art, force de dispersion de la conscience.

Cependant, cette alternative nous est rarement
présentée avec une telle rigueur; car nombreuses
sont les affinités qui rapprochent le sentiment
esthétique du sentiment religieux. Une des plus
frappantes est le phénomène psychologique de
l'inspiration. En outre, le symbolisme est une
caractéristique commune de l'Art et de la Religion. L'Art peut en effet être considérée dans le
plus grand nombre de ses manifestations comme
une sorte de symbolisme perfectionné et subtil;
et la religion, de son côté, tend à puiser dans le
symbolisme un de ses modes essentiels d'expression. D'où cette conséquence que l'on peut pres-

que toujours trouver dans une œuvre d'art un certain caractère symbolique pouvant aller jusqu'à suggérer l'impression du rite et en faisant une ébauche de geste religieux. C'est peut-être là qu'il convient même de rechercher l'origine de cette religion de la Beauté d'où est sorti le dogme de l'art pour l'art.

Ainsi l'Art comporte une certaine religiosité. Celle-ci peut, il est vrai, revêtir des formes multiples et opposées, depuis le paganisme jusqu'à la plus haute spiritualité ; mais c'est précisément pourquoi, en raison de cette souplesse, il est toujours possible théoriquement de concevoir un art dont le caractère symbolique soit propre au culte chrétien, et réalise avec l'ensemble de ses manifestations religieuses une unité organique vraiment vivante.

Le dilemme énoncé plus haut n'est donc fatal que d'une certaine manière, étant donné certaines croyances sur la Beauté ou certaines prétentions de l'Art. En ce sens il est surtout une création contemporaine et semble ressortir des tendances éclectiques modernes plus encore que de la nature propre de l'Art. Mais alors, le culte de la Beauté apparaissant comme le palliatif opportun qui tient lieu de véritable religion, le chrétien, contraint de repousser ce prestige et de rétablir ce qui lui paraît être l'ordre convenable des faits, soumet les œuvres d'art à l'épreuve de sa foi et n'en retient que ce dont il peut faire l'offrande à Dieu dans le recueillement de son âme.

Il échappe ainsi au dilemme : art ou religion ; mais c'est pour en formuler immédiatement un second : choix ou sacrifice total. Car sans le choix ou sans le sacrifice total en matière d'art, le chrétien maintiendrait en lui l'existence de deux domaines distincts qui s'excluent, ou plutôt celle d'un domaine fermé, celui de l'Art, dans l'immense domaine de la Foi; comme s'il n'était pas admis que la foi est une obligation pour la vie totale et qu'elle doit orienter dans un seul élan de tout l'être toutes les manifestations de notre esprit ; comme si, après nous être donnés à Dieu, nous avions encore le droit de conserver, par devers notre vie morale et religieuse, quelque retraite cachée pour l'épanouissement libre de toutes les floraisons d'art quelles qu'elles soient; comme s'il pouvait subsister dans une âme de saint un tel jardin clos, fermé à Dieu, où seraient cultivées, sous le couvert facile de la Beauté esthétique, toutes les fleurs que Dieu ne doit point voir parce qu'il ne saurait lui en être fait une pieuse offrande. Or c'est dans cette attitude de l'Offrande que consiste peut-être la perfection de la vie religieuse. Car l'Offrande est parmi les plus élémentaires et les plus essentiels des mouvements de la piété, supérieure même moralement à l'attitude de la demande, étant la forme positive de la vie spirituelle et en révélant les beautés cachées. Et l'offrande est inexistante sans le désir d'une simplification sans cesse plus grande de l'être intérieur, car elle demande de la part de la personne un don total d'elle-même. C'est la loi de la vie religieuse telle que nous la révèle l'Evangile : *Tu aimeras le Seigneur ton Dieu de tout ton cœur, de toute ton âme et de toute ta pensée* — et l'Evangile nous donne aussi cet avertissement terrible que tout royaume pour exister ne peut être divisé contre lui-même. Le problème des rapports de l'Art et de la Foi est ainsi posé avant tout par le principe religieux de l'unité morale de la personne ; et une conséquence en est la nécessité où se trouve le chrétien d'opérer un choix parmi les œuvres d'art, conformément à l'idéal que lui prescrit la foi. C'est l'application de ce principe à l'art musical et à ses formes diverses que je vous demande d'étudier avec moi, et qui sera pendant un moment l'objet de toutes nos réflexions.

*
* *

Ainsi il s'agit d'opérer un choix en matière de musique si l'on ne veut pas laisser s'élever une cloison étanche entre nos impressions d'art et notre foi. Mais c'est là une opération difficile. Quels principes en effet guideront le chrétien dans l'élaboration de ce choix ? Se laissera-t-il guider par des considérations d'étiquette et estimera-t-il qu'une œuvre musicale possède effectivement le caractère religieux qu'il lui demande parce qu'elle s'adresse à tel ou tel objet particulier qui est considéré habituellement comme religieux ? Ou bien cédera-t-il à ses impressions subjectives, jugeant que telle œuvre est conçue dans une attitude de piété parce qu'elle évoque plus ou moins tel ou tel cadre auquel de coutume on associe la religion ? — Non, n'est-ce pas ; car vous voyez bien qu'il ne s'agit point en tout ceci de vraie morale et de vraie religion, mais bien plutôt d'un artifice de l'art; artifice que tout compositeur doué d'une réelle science et d'une fine sensibilité peut se croire capable de produire, sans qu'il soit nécessaire pour cela qu'il ait lui-même une attitude religieuse.

Les exemples en abondent dans notre musique contemporaine, et il est inutile de citer des noms et des œuvres. Quel illustre compositeur, dédaigneux de toute discipline morale et de toute conviction religieuse positive, ne s'est attaché pourtant à doter la littérature musicale d'œuvres religieuses de son génie? Ce n'est cependant là que le cas le plus extrême et il est déjà très fréquent.

Il faut encore compter ceux que la tradition ou l'atavisme rattachent par des liens fragiles à une forme consacrée du christianisme ou simplement à une conception spiritualiste du monde, sans que pour cela la foi soit la puissance organisatrice de leur vie. Et il y a aussi les artistes qui, en dépit d'un zèle véritable pour les choses de la religion, acceptent néanmoins, ne serait-ce qu'inconsciemment, le divorce accompli de l'Art et de la Foi, se comportant différemment lorsqu'il s'agit de l'un ou de l'autre. Voilà trois types d'artistes auxquels ressemblent plus ou moins tous les musiciens de nos jours. Vous remarquez, sans doute, de quelle faveur ils honorent la croyance au principe de l'art pour l'art. Eh bien ! qu'adviendra-t-il si de tels musiciens créateurs sont mis ou se mettent eux-mêmes en demeure d'exprimer le sentiment religieux ? Bien loin d'y obéir naïvement, puisque jamais leur art n'aura puisé à semblable source, ce sera en artistes purs qu'ils l'envisageront. Ils cèderont à la tentation de prendre la religion pour *thème*. Comme Wagner dans *Parsifal*, et comme bien d'autres avant et après lui, ils s'attacheront au sentiment religieux avec l'intention de le « rendre », d'en évoquer les formes particulières consacrées par l'usage traditionnel et qu'ils prendront pour motif d'inspiration. Il s'agira davantage d'exprimer la poésie de la religion que la religion elle-même. Au lieu d'une musique dont l'accent soit naturellement celui de la piété intime, on aura un art artificiel, cherchant à suggérer ce qui peut paraître particulièrement religieux lorsqu'on ne regarde la religion que du dehors, et qui ne dépassera point les manifestations extérieures de la piété : sentimentalité traditionnelle des oraisons, atmosphère rare du temple, émotivité spéciale qui accompagne les gestes religieux ; toutes choses qui, réduites à elles-mêmes, ne sont que des contrefaçons de la piété, des apparences illusoires de culte, en un mot une religion de théâtre.

Aussi, étant donné ce triomphe de l'art pour l'art jusques dans les œuvres qui prétendent être religieuses, un choix qui ne se baserait que sur des considérations d'étiquette et sur des impressions subjectives serait bien sujet à caution. Je ne dis pas, remarquez-le bien, que ces considérations ne dussent jamais intervenir pour nous aider dans l'élaboration de notre choix. Je crois simplement qu'elles ne sauraient suffire parce que leur valeur est très contestable et qu'elles ne nous préserveraient point des dangers auxquels nous expose l'art pour l'art. S'il y a précisément un écueil dans nos services liturgiques, c'est un écueil de ce genre. Nous nous laissons aller à la tentation de créer une certaine atmosphère d'art trop spéciale, cultivant des émotions de piété conventionnelle et cédant à croire que cette émotivité constitue le fond même de notre religion, alors qu'elle n'en est qu'une parure.

Ainsi, s'il peut y avoir de la part de l'artiste créateur une tendance fautive à vouloir composer des œuvres religieuses sans en puiser l'inspiration dans la religion vécue, il y a pareillement pour le chrétien la tentation de puiser dans l'art factice, l'art poétique, évocateur des manifestations extérieures de la piété, une force qui est étrangère à la religion proprement dite. La nécessité s'impose donc de procéder à un choix qui ne s'inspire entièrement ni du sujet des œuvres ni des impressions poétiques qu'elle suggère. Il convient pour cela de se placer sur un terrain plus objectif — et il n'y en a qu'un qui se présente à nous, plus certain que les autres, dans ce domaine très contesté de la musique religieuse : celui de l'esthétique musicale proprement dite, en fonction de la psychologie et de l'éthique.

*
* *

Plus simplement l'on peut dire que le problème de l'esthétique musicale religieuse se pose sur le terrain de la pédagogie, prise dans son acception la plus large. De quoi s'agit-il en effet ? Il s'agit de rechercher quels principes d'esthétique — c'est-à-dire quelles formes d'art et quelle conception de la Beauté — en matière de musique, sont le plus capable de cultiver chez les individus les aptitudes et les tendances que notre idéal de la vie religieuse approuve ; et il s'agit également de discerner, pour les proscrire, les formes d'art que cet idéal fait apparaître comme vicieuses, étant susceptibles de développer chez les individus les aptitudes et les tendances qu'il condamne. Or ce sont là les conditions et les éléments d'une méthode d'éducation.

Ainsi c'est sous la forme d'un problème pédagogique que nous sommes amenés à envisager le rôle de l'esthétique musicale dans la vie morale et religieuse. C'est là un fait très important, qui doit nous faire réfléchir sur la gravité de nos appréciations en matière de musique religieuse. Il ne saurait être question, en effet, moins que jamais, de faire dépendre notre choix de nos préférences. Le point de vue pédagogique est le plus diamétralement opposé à celui de l'appréciation personnelle. Bien au contraire, ce sera peut-être, en fait de musique religieuse, ce qui nous plait le moins, ce qui au premier abord paraît le plus opposé à nos goûts et à nos tendances que nous devrons considérer comme le meilleur, ayant en ceci le motif de nous dire que la religion ne nous demande pas toujours d'affectionner les choses qui naturellement nous plaisent le plus. Et il y a lieu, sans doute, de voir une étrange nécessité et une raison profonde dans le fait que le problème de la valeur religieuse de la musique se pose entièrement sur le terrain de l'éducation, nous obligeant ainsi à admettre qu'il ne peut y avoir de jugement valable en cette matière que celui qui s'inspire de motifs raisonnnés, scientifiques. Ainsi le point de vue pédagogique nous impose, relativement au problème qui nous occupe, une méthode de pensée stricte, scientifique, objective, nous donnant aussi l'assurance, si nous nous y conformons, de solutions valables pour le résoudre.

Le point de vue pédagogique nous donne une méthode; mais est-ce assez dire qu'il ne nous apporte que cela? En fait, il comporte pour notre problème bien d'autres indications dont nous devons tenir compte; et d'ailleurs nous ne saurions l'isoler de tout un ensemble de réalités qui le conditionnent et l'impliquent, sans l'affaiblir. Il est vrai que cette considération n'inspire guère les éducateurs d'aujourd'hui en matière d'art, soit qu'ils assignent à la pédagogie un but trop particulier, trop mesquin; soit qu'ils lui imposent des *a priori* tels que l'art pour l'art. Mais il ne saurait être question dans ce cas de véritables méthodes d'éducation, répondant à un point de vue pédagogique intégral.

Pour nous, bien au contraire, c'est à un point de vue péadgogique intégral qu'il convient que nous nous placions, car le problème que nous envisageons n'est au fond qu'un aspect particulier d'un problème très général que pose d'elle-même la pédagogie relativement à l'art musical. Toutefois cette considération nous oblige à émanciper notre problème des *a priori* qu'il comporte et qui, si l'on ne les écartait, le rendraient peut-être insoluble... Réfléchissons-y en effet un instant. Il s'agit pour nous, n'est-ce pas ? de déterminer dans quelle mesure et de quelle manière l'art musical est susceptible de faire l'éducation morale et religieuse des hommes. Certes, voilà une attitude diamétralement opposée à celle de l'art pour l'art, celle de l'enseignement courant. Pourtant, ne lui est-elle pas semblable de quelle manière? N'est-il pas évident que, pareillement à cette dernière, elle ne s'oppose pas un point de vue pédagogique intégral? qu'elle fait intervenir des *a priori* étrangers à la science pédagogique, comme celui, par exemple, que la musique *peut* faire l'éducation morale et religieuse des hommes? Or il ne peut être question de cela d'un point de vue purement pédagogique. Et c'est là ce qui nous donne le motif de penser que notre problème de l'esthétique musicale religieuse n'est en réalité que la résultante d'un problème plus général que pose d'elle-même la pédagogie et d'un *a priori* qui est le nôtre : celui de la valeur religieuse de la musique.

Il y a donc lieu de n'examiner tout d'abord qu'en lui-même, indépendamment de toute autre considération, le problème de la valeur pédagogique de l'art musical ; et il est évident que ce dernier problème implique dans sa solution celui du rôle religieusement moral de la musique, si du moins nous considérons que la vie religieuse est l'objet le plus élevé de l'éducation en général.

* *
*

Il existe de nos jours une méthode de pédagogie musicale qui répond entièrement à cette attitude ; c'est la méthode de M. J. Dalcroze, professeur au conservatoire de Genève.

Considérant que le culte exclusif de la Beauté peut et la santé physique et la santé morale d'un jeune homme, M. Dalcroze a recherché quelle devait être la plus haute destination pédagogique de l'art musical envisagé dans son caractère spécifique. La solution qu'il nous apporte n'est pas favorable à une conception religieuse de l'esthétique musicale; et il faudrait conclure, si la doctrine pédagogique de M. Dalcroze se vérifiait, que la musique est l'art le moins spirituel qui soit. Nous verrons tout à l'heure s'il y a lieu de considérer cette position comme absolument désintéressée. En tout cas, le but le plus haut de l'éducation musicale n'est point pour M. Dalcroze de faire des hommes religieux.

Quel est donc ce but pédagogique que M. Dalcroze assigne à l'art musical ? — A vrai dire, il présente quelque analogie avec celui de l'éducation religieuse; mais ce n'est qu'une analogie seulement. La musique doit concourir en effet à créer un « équilibre vital », « supérieur » de l'être; c'est là aussi le but de la religion. Mais tandis que la religion s'adresse aux facultés spirituelles, le rôle de la musique est exclusivement de l'ordre physiologique; dans ce domaine de la pédagogie musicale, il semble vraiment, si l'on s'en rapporte à M. Dalcroze, que tout résultat moral soit la conséquence d'un état physique et qu'ici le domaine physiologique rende entièrement compte du domaine moral. Aussi le but que M. Dalcroze assigne à toute méthode de pédagogie musicale consiste-t-il dans l' « éveil de l'imagination et de l'intelligence » par la vie «sensorielle et émotionnelle ».

Le signe extérieur de cette *moralité* du corps et de l'âme est la joie, « la joie qui se différencie du plaisir parce qu'elle est un état permanent de l'être »; la joie qui est « produite par un sentiment d'émancipation et de responsabilité »; « par la vision claire de ce qui est productif en nous, par l'équilibre de nos forces naturelles, par le rythme harmonieux de nos vouloirs et de nos pouvoirs » (1). Vanité donc de toute culture esthétique qui ne développe pas le sens de la joie.

L'Art n'est pas à lui-même sa propre fin; il est l'expression de la vie et, comme tel, un langage qui possède le secret de l'éducation. Plus que tout autre art, c'est la musique qui possède ce secret, car elle est l'art du rythme qui est « l'élément primordial de toutes les manifestations de la vie. » Elle a précisément pour but de donner à l'homme le sentiment de cet équilibre parfait, en l'éveillant au sens extraordinaire de la joie, joie individuelle, joie sociale, cette joie que l'on appelle l'amour.

Ainsi comprise, l'éducation musicale devra être intégrale, c'est-à-dire que *tous les éléments que comporte l'art musical — rythme, mélodie, harmonie — devront comporter une appropriation physiologique calculée en vue de leurs plus grande utilité pédagogique.* On mettra tout d'abord l'accent sur le rythme qui constitue, selon l'expression typique de M. Dalcroze, le fond de

(1) Delacroze : *Le rythme, la musique et l'éducation*, page 113.

l' « éthique individuelle » et « sociale » ; et l'on aura recours pour cela à la gymnastique rythmée et à la danse. Plus tard seulement, lorsque l'enfant s'éveillera à la vie des sentiments plus profonds, on lui enseignera à rendre également par le moyen des attitudes et des gestes, le côté « expressif » de la musique. Ainsi s'opérera par la danse collective et la « plastique animée, la « musicalisation des muscles » qui est pour M. Dalcroze l'objet immédiat de la pédagogie musicale, et l'homme s'éveillera ainsi au sentiment de l'équilibre vital supérieur et de la joie, sources de vie morale. Ce sera le rôle des éducateurs de demain de faire prévaloir cette conception ; et les compositeurs auront pour devoir de soumettre leur art à ce but en simplifiant sans cesse les moyens techniques dont ils disposeront, et recherchant des formes plus assouplies, plus spontanées, plus populaires.

Telles sont, dans leurs caractères essentiels, les grandes lignes de la doctrine pédagogique de M. Dalcroze. Quelle qu'en soit la teneur, elle nous donne une indication suggestive; car elle marque un effort réel dans le sens que nous indiquions tout à l'heure, subordonnant l'art à une fin pratique d'éducation et nous offrant le modèle d'une conception pédagogique intégrale.

Toutefois, il paraît invraisemblable que M. Dalcroze n'ait pas envisagé une seule fois le problème de la musique religieuse et ne se soit jamais prononcé à ce sujet... En quelques mots on peut, en effet, caractériser sa méthode : une culture exclusivement physiologique. Le souci constant de moraliser, si l'on peut dire, le corps, éclate à chaque page de ses écrits. C'est là sa pensée dominante et inspiratrice. Mais cette conception est-elle un idéal véritable ? N'est-ce pas rabaisser l'Art musical que de le réduire à n'être qu'un éducateur du tempérament ? Et n'est-ce pas rabaisser la morale ?

Aussi de graves objections se pressent-elles à l'encontre de cette doctrine. Est-ce éduquer l'âme qu'éduquer le tempérament ? Peut-on réduire la vie spirituelle à la vie « sensorielle » et « émotionnelle » ? La vraie joie est-elle harmonie organique et sensation interne plutôt que sérénité de l'âme ? Est-elle toujours, et même dans sa forme la plus pure, une sorte de totalité émotive normale, telle que le malade, en étant privé, ne pourrait point être joyeux ? Mais ce ne sont pas là encore les objections les plus grandes que soulève la théorie de M. Dalcroze. On doit se demander — et c'est là la question que je me suis posée en premier lieu — si cette théorie ne méconnaît pas profondément le but réel et le caractère spécifique de l'art musical.

Tout d'abord, au point de vue purement esthétique, M. Dalcroze semble ignorer le côté profondément intérieur de la musique. De quoi est-il question en effet tout au long de ses ouvrages didactiques ? Il s'agit avant tout de rythmique, de « plastique animée », de « phraser corporel », etc.

Ainsi tout l'art musical semble s'absorber dans le geste. Certes, cela est bien dans la logique du système et a un but nettement pédagogique.

Tout état purement intérieur étant considéré comme morbide, la tâche de la pédagogie est alors d'habituer l'enfant à transformer l'état interne en puissance d'extériorisation, c'est-à-dire à savoir éprouver ses sentiments non point d'une manière passive, mais avec tout son être physique et mental; et le geste apparaît comme le plus puissant moyen à cet effet, permettant d'extérioriser, d'objectiver, pour ainsi dire, l'expérience musicale interne qui, sans cela, resterait à l'état « statique » de pure expérience nerveuse et musculaire.

Cependant, dans tout cela, il s'agit bien plutôt de mouvement que de musique; et même la musique semble y être tout particulièrement tenue pour suspecte. M. Dalcroze nous parle de « musicalisation des muscles », de « phraser corporel », etc.; mais ce ne sont là qu'expressions métaphoriques. La musique ne saurait changer de nature et comporter un jour davantage que cette expérience musicale interne, que M. Dalcroze considère bien injustement comme essentiellement passive. Ainsi il apparaît bien clairement que M. Dalcroze estime insuffisante l'esthétique musicale du passé; mais qu'au lieu de l'enrichir par un approfondissement de l'art musical lui-même, sa méthode consiste à l'asservir à une technique étrangère, croyant ainsi le renouveler, mais en fait ne l'envisageant plus dans son caractère spécifique. Sans doute, ce dont M. Dalcroze nous parle est avec la musique en rapports étroits; mais cela n'est déjà plus de la musique. Le système de M. Dalcroze ne semble pas conçu en vue d'exploiter dans l'art musical sa propre vertu pédagogique. M. Dalcroze ne considère pas la musique dans son objet.

Et il en est nécessairement de même de son point de vue éthique; car il ne peut être que l'expression dans le domaine moral d'un idéal esthétique dont nous venons de voir qu'il relève plus de la danse que de la musique. Or il ne peut être question pour un art corporel que d'une éthique physiologique. C'est pourquoi M. Dalcroze ne nous présente dans sa doctrine qu'une conception positiviste et déterministe de sa science de la morale.

Cette tendance au matérialisme esthétique n'est pas exclusive d'ailleurs — remarquez-le bien — aux idées de M. Dalcroze. Elle est une caractéristique de l'art contemporain en général ; et à ce titre on peut dire que le système pédagogique de M. Dalcroze reflète admirablement son temps et son milieu. Il est remarquable, en effet, que l'art musical actuel soit demain apte à exprimer les sentiments profonds et s'attache au contraire aux éléments les plus extérieurs de la musique — rythmes frappants donnant lieu à des combinaisons imprévues, sensations aiguës de timbres, de sonorités et d'harmonies, toutes choses pour lesquelles l'art contemporain délaisse de plus en plus la mélodie qui pourtant passait autrefois pour un élément essentiel de l'Art. Aussi est-ce là un art charnel et sans grandeur. Il est extrêmement important que nous le sachions : les moyens esthétiques de cet art sont absolument impropres à la religion et la religion ne saurait sans un danger réel s'y adresser. Hélas ! que de fois pourtant elle s'y adresse ! mais alors elle consacre ainsi ses propres déviations, prenant — comme je l'ai dit tout à l'heure — les suggestions aigües d'une certaine poésie des sons pour le fond même de la vie spirituelle.

Or, ces prédilections sensuelles de l'Art moderne sont celles qui inspirent la théorie pédagogique de M. Dalcroze. On peut dire de l'un comme de l'autre qu'ils ne comportent aucun christianisme car ils proclament ainsi l'inanité de toute musique qui prétendrait être spirituelle et à laquelle on assignerait un rôle à jouer dans l'éducation religieuse proprement dite. A notre question : l'éducation du sentiment religieux est-il l'objet le plus élevé de l'art musical ? L'attitude de M. Dalcroze comme du plus grand nombre des artistes contemporains, ne permet que l'hypothèse de deux réponses également négatives, alternatives d'un dilemme :

Première alternative : *la croyance en une vie spirituelle étant une conception erronée, l'éducation religieuse ne peut être l'objet le plus élevé de la pédagogie et de l'art.*

Seconde alternative : *la musique ne peut prétendre à jouer un rôle dans l'éducation du sentiment religieux, son objet le plus élevé étant physiologique, non spirituel.*

Ainsi, mise en présence du problème des rapports de l'Art musical et de la Religion, l'esthétique de M. Dalcroze, de concert avec l'art sensualiste moderne, résoud nettement la question en la considérant comme périmée ou inexistante.

Ainsi l'attitude et par conséquent la doctrine

pédagogique de M. Dalcroze se fondent ou sur un *a priori* positiviste que nous estimons être une erreur, ou sur une conception du rôle de la musique qui lui ôte tout caractère véritablement spécifique. Nous ne saurions considérer que ce soit là le fait d'un point de vue pédagogique intégral.

Mais cette attitude et cette méthode comportent cependant pour nous une précieuse indication. Car elles nous donnent lieu de penser que, pareillement à la solidarisation étroite d'une certaine esthétique physiologique et d'une certaine conception matérialiste de l'éducation qu'elles manifestent, la religion et l'esthétique musicale doivent se rapprocher précisément dans le domaine de la vie intérieure et spirituelle, auquel l'esthétique sensuelle et le matérialisme philosophique de M. Dalcroze sont si contradictoires. Et tel sera maintenant le sens dans lequel nous orienterons nos recherches, considérant que l'expérience musicale est, dans son caractère le plus spécifique, de l'ordre des réalités de l'Esprit.

*
* *

Il convient tout d'abord de définir ce que doit être une musique spirituelle, quelles sont les conditions psychologiques qu'elle comporte.

Nous venons de voir que l'esthétique de M. Dalcroze met en relief deux conceptions contradictoires de l'art musical. Psychologiquement, il est possible d'y voir deux tendances divergentes de l'expérience musicale elle-même ; d'une part, l'expérience musicale peut tendre à s'extérioriser, à s'affirmer au dehors, utilisant pour cela le domaine de la vie physiologique (« expérience musculaire » de l'ordre du rythme, expérience nerveuse de l'ordre affectif inférieur) ; d'autre part, l'expérience musicale peut tendre à s'intérioriser encore, répudiant non seulement toute parenté avec cet art corporel qu'est la danse, mains encore toute affinité avec le monde matériel. L'idéal d'une musique spirituelle sera donc de n'exprimer que des réalités de l'ordre le plus intérieur, ne comportant aucun symbolisme extérieur, même atténué. Et ce sera là, semble-t-il, non seulement une musique qui s'affirmera dans le domaine purement spirituel, celui auquel regarde la religion, mais encore un art libéré de tous ses éléments non spécifiques, émancipés de tous les compromis qui lui ôtent son caractère de vérité, un art qui nous introduira dans le domaine parfaitement beau de la musique pure.

Ainsi, s'il est pleinement réalisé, cet art nous confirmera dans notre induction de tout à l'heure en présence de l'esthétique sensualiste moderne, à savoir : que cette esthétique sensualiste méconnaît profondément le caractère spécifique de la musique pure, que cette musique pure ne comporte aucun élément sensuel et corporel, qu'elle est de nature proprement spirituelle, et qu'en définitive il y a une étrange conformité entre son plus haut objet artistique et l'objet même de toute culture religieuse : l'éveil de l'âme au sentiment des réalités spirituelles.

Il s'agit donc de découvrir cette musique inti-

me et recueillie, exempte de toute excitation sensuelle et de toute tendance à s'exprimer physi-
quement au dehors; et nous rendant capable, en
éveillant notre être aux réalités spirituelles, de
nous révéler nous-mêmes à nous-mêmes dans la
vie profonde. Pour cela il faudra que cette musique émane d'un foyer véritablement religieux,
et reflète la pureté morale, le calme, l'équilibre
et la simplicité d'une âme qui trouve sa paix en
Dieu. Ainsi conçu, l'art musical sera proprement
spirituel, comportant un idéal véritablement religieux d'harmonie et de paix morale; et sa mission sera de révéler les âmes à elles-mêmes en
plaçant très haut leur idée de perfection et
leur donnant d'éprouver en quelque sorte déjà,
dans sa pureté, la qualité même de la vie spirituelle.

Mais ici une question se pose : quel critérium
objectif nous permettra de reconnaître cet art ?
— Je dis : un critérium objectif ; car il ne peut
être question, nous l'avons vu, de jugement sub-
jectif; nous savons qu'en raison des déviations
qu'il manifeste ou qu'il entraîne, ce jugement
— même s'il est le nôtre — ne comporte pas à
un degré suffisant la certitude que nous désirons
Il nous faut donc un critérium objectif; et cela,
la musique est capable de nous le fournir. Car
l'art musical est, parmi tous les arts, un de ceux
chez lesquels le fond est le moins dissociable de
la forme; et l'on pourra toujours, par conséquent,
en présence de toute œuvre musicale vraiment
sérieuse, reconnaître dans les caractères formels
qu'elle présente, et qui sont comme des signes

invariables, révélateurs de réalités psychologiques, la psychologie de son auteur.

Etant donné cette indéniable objectivité de la musique, c'est donc à ces éléments objectifs, c'est-à-dire formels, qu'il convient que nous demandions les indications dont nous avons besoin. Et, pour cela, ce ne sera pas dans la musique religieuse dans son ensemble, mais seulement dans quelques-unes de ses manifestations d'origine religieuse particulièrement incontestable, que nous poursuivrons nos recherches ; car nous savons de quels mensonges l'Art, et particulièrement la musique, peut être capable dans ce domaine, et combien souvent ce que l'on qualifie de musique religieuse obéit à tout autre motif que celui de la religion véritable; aussi est-il très important pour nous de pouvoir discerner, parmi toutes les œuvres dont l'ensemble constitue le domaine de la musique sacrée, celles dont l'inspiration religieuse présente un caractère d'authenticité en quelque sorte *historique* indéniable; et c'est à ces produits authentiques de la piété que nous devons nous adresser tout d'abord afin de constituer un critérium véritablement objectif d'une esthétique musicale religieuse.

En résumé, les conditions de la solution du problème qui se pose relativement aux rapports de l'Art musical et de la vie religieuse, peuvent donc se ramener aux considérations suivantes :

1° *Pour être considérée comme véritablement religieuse, toute esthétique musicale devra, dans les éléments psychologiques qu'elle comporte,*

*être une application des lois de la vie spirituelle,
telles que les prescrit la discipline religieuse ;*

*2° S'il peut se réaliser dans le domaine de la
vie purement spirituelle, un tel accord de l'art
musical et de la discipline religieuse, il sera dé-
montré que l'objet le plus élevé de la musique
est, dans le domaine artistique, de même nature
que l'objet le plus élevé de l'éthique religieuse
dans le domaine moral ;*

*3° Il s'agit d'établir cet accord en en vérifiant
l'existence et en en formulant les lois en matière
d'esthétique ; pour cela on s'adressera non point
à toute musique sacrée en général, mais à un art
conçu dans des conditions de foi religieuse telles
qu'on ne puisse avoir aucune incertitude sur la
valeur de son témoignage.*

Ainsi données les conditions de la solution du
problème, nous devons découvrir cet art qui soit
le produit pur, intégral de la vie religieuse, et
cela d'une manière si évidente, si caractérisée
dans ses origines et sa destination, que l'on n'en
puisse concevoir d'autre raison d'être que seulement la religion.

Quel est donc cet art-type, produit si pur et
intégral de la vie religieuse, seule capable de
nous donner le critérium de la musique religieuse ?

Il ne semble pas qu'il faille le chercher dans la
littérature musicale contemporaine ni même dans
celle qui est ancienne de deux ou de trois siècles ;
car, dans la Renaissance et sans cesse davantage
jusqu'à nos jours l'Art est considéré comme ayant

sa principale fin en lui-même, et les maîtres de la musique, même, les plus profondément religieux, ont dû subir cette coutume. Il faut donc remonter bien loin pour découvrir cet art que la religion seule inspire et a exclusivement motivé. Et ce ne pourra être qu'au delà de la Renaissance, l'art primitif du moyen âge, le chant liturgique et traditionnel des églises, expression naïve et sincère de la vie religieuse des chrétiens pendant des siècles, et peut-être même, dans une certaine mesure, depuis les origines du Christianisme.

* *

On peut définir très brièvement le *plain-chant* : une notation musicale de la phrase parlée. Toute l'esthétique qu'il révèle tient dans ce caractère, aussi ne comporte-t-il aucune harmonie, pareillement aucune cadence dans le rythme si ce n'est celle, uniforme et souple, de la prose latine.

A l'origine, le plain-chant n'était qu'une notation syllabique, un récitatif. Plus tard, il fut enrichi de vocalises, élément que, à première vue, la parole ne semble point comporter. Mais en réalité ces ornements ne sont point un luxe. Il est étrange qu'ils revêtent précisément le caractère d'une ligne d'accentuation, semblables en cela entièrement à la prose du récitatif dont ils utilisent les éléments thématiques ; et il semble que l'on soit là en présence d'une prière sans parole, exprimant les pensées ineffables de l'âme : la communion avec Dieu, la présence de l'Invisible saisie fugitivement et que l'on voudrait éternelle.

Aussi, que l'on considère le plain-chant soit dans ses récitatifs, soit dans ses vocalises, cette voix est sublimement anonyme ; la passion et l'éphémère y sont méprisés. De même la Loi morale et la Parole de Dieu sont au-dessus des passions humaines, c'est-à-dire dans l'Absolu... C'est bien en effet une des caractéristiques du plain-chant que de faire penser à l'Absolu. L'absence de toute forme tonale dans la mélodie, le manque de netteté dans les modes eux-mêmes, l'importance égale donnée à toutes les notes comme si toutes étaient à égale distance les unes des autres — et la conséquence de tout cela : l'impossibilité où est le plain-chant de pouvoir exprimer toute la variété des impressions, c'est la condamnation radicale de toute recherche de soi-même... Il y a lieu de nous arrêter un instant sur cette particularité morale du plain-chant et son absence de caractère tonal. De nos jours, le sentiment de la tonalité est un des principaux moyens d'expression de la musique, soit que l'on y conforme la mélodie, soit que l'on oppose des tonalités les unes aux autres. Or cette notion de la tonalité est entièrement basée sur le principe physique des attractions des sons dans la gamme naturelle, attractions qui résultent de leurs distances inégales (tons et demi-tons diatoniques) ; et le système des tonalités consiste dans la transposition exacte, à des hauteurs de sons différentes de la gamme naturelle considérée comme *type* immuable. C'est là, pour notre musique contemporaine un principe esthétique fondamental et la source d'une infinie variété d'impressions. Il en est tout différemment pour le plain-chant. L'indépendance des notes relativement les unes aux autres, leur caractère d'égalité complète, font du plain-chant un art extrêmement serein et dénué de tout caractère sensuel. Il y a bien, il est vrai, des modes dans le plain-chant ; mais ils ne se différencient pas véritablement les uns des autres. Ils ne sont en réalité que des échelles de transposition différentes ; transpositions extrêmement naïves puisqu'elles ne s'opèrent que sur la gamme naturelle sans faire intervenir d'altération, c'est-à-dire sans tenir compte dans cette gamme des distances inégales des notes. Et c'est là une des raisons profondes pour lesquelles la mélodie grégorienne est absolument incapable d'exprimer les nuances de l'émotion ; c'est pourquoi aussi elle ne semble présenter à première vue qu'une seule couleur d'expression. Mais cette émancipation modale du plain-chant revêt un caractère religieux et moral absolument unique ; elle nous fait goûter déjà en quelque sorte à la liberté triomphante de l'Esprit ; libre de toute contingence, elle semble affirmer l'existence d'une vie supérieure et dominatrice; elle nous découvre des horizons éternels où la passion n'existe plus.

Ainsi les hommes, en ces temps tourmentés du moyen-âge, venaient chercher à l'église l'oubli de leurs passions égoïstes, sources de maux infinis; et c'est là un mépris qui revêt une singulière beauté, car il a la valeur d'un acte moral.

Qu'on ne dise point que ce caractère modal du plain-chant n'a pour toute explication que l'usage. Certes, l'usage doit bien y être pour quel-

que chose ! mais il faut se demander si cet usage
ne répond pas à une certaine mentalité religieuse
et si cette mentalité ne s'explique pas par une
réaction morale des hommes pieux du moyen-
âge contre le monde de ce temps et le mal du
monde en général. Le fait est qu'il en aurait pu
être autrement de la musique religieuse médié-
vale ; car les quelques spécimens de mélopées
juives que l'on possède de ce temps, de même
que presque toutes les chansons populaires anciennes, accusent au contraire un sentiment très
net de la différence des modes et déjà un certain
sens de la tonalité. Il y a donc lieu de conclure
que le caractère modal du plain-chant ne s'explique pas entièrement par l'usage ; et d'ailleurs
rien ne peut prévaloir contre le sentiment que
nous en avons.

Ce sentiment est en effet renforcé par un autre caractère du plain-chant, son caractère rythmique. Ici, dans la durée, même égalité, même
indépendance des notes. On n'y trouve en effet
aucune différenciation *quantitative* des valeurs,
et par conséquent aucun retour périodique des
temps forts et des temps faibles. Imaginons-
nous une mélodie moderne que l'on chanterait
en notes égales, ne tenant aucun compte des
temps ni de leurs divisions fractionnaires ; ainsi
en est-il de la mélodie grégorienne. En vérité
il n'y a rien dans cet art qui puisse faire songer
au rythme émotif et lyrique de la musique grecque ou latine, ni bien entendu de la musique
contemporaine. La mesure ferait trop penser aux
battements du cœur et nous intéresserait trop à

notre vie charnelle et passagère. Mépris pour tout cet appareil émotif ! La Parole de Dieu comme la Foi, comme la Loi morale plane infiniment au-dessus de nous, libre des hommes et éternelle ; elle ne saurait être renfermé dans notre cœur charnel ni être soumise à son rythme...

Ainsi le plain-chant a complètement brisé non seulement avec l'usage grec, mais encore avec l'usage profane de son temps, introduisant dans ses chants d'église un usage conforme à ses besoins religieux de paix parfaite, sans mélange de jouissance.

Toutefois, le plain-chant comporte un certain rythme, le rythme infiniment souple et changeant qui jaillit spontanément des mots et de la phrase ; et c'est là encore un trait frappant de cette soumission de la mélopée du plain-chant à la Parole de Dieu, soumission par laquelle nous avons caractérisé déjà l'esthétique de la mélodie grégorienne.

Ainsi, la conformité absolue de la musique à la Parole, tel est le principe qui rend entièrement compte du caractère rythmique et du caractère mélodique du plain-chant. De cette manière, rythme et mouvement mélodique y sont indiscernables l'un de l'autre ; le rythme est tout entier dans les inflexions mélodiques, et la mélodie ne saurait exister en dehors de ce rythme qui ne comporte qu'une accentuation des mots et des phrases. Ceci explique pourquoi les signes graphiques employés dans le plain-chant pour fixer le rythme et la hauteur des sons n'aient été précisément que des signes d'accentuation (les neu-

mes), communs aux deux ; et qu'ils aient suffi
à leur tâche.

A première vue, il semble que cet art soit dénué
de toute nuance de sentiment; car il ne s'adresse pas aux moyens d'expression où l'art musical prend habituellement sa matière. En fait il en
est bien différemment. Cette ligne unissonique
qui ne comporte ni harmonie, ni tonalité, ni mesure, ce phraser mélodique extrêmement souple
et qui a tout son objet en lui-même présente une
extrême variété de formes qui correspond à des
nuances infinies de sentiments. Pour y être sensibles, il faut que nous nous efforcions d'oublier
notre art, notre technique, nos habitudes musicales modernes ; plus que cela encore, il faut
que nous rejetions l'attitude que notre culture
artistique et musicale implique, pour ne nous
conformer qu'à celle, toute religieuse, spirituelle,
morale que comporte l'art grégorien. Alors, peu
à peu, nous deviendrons sensibles à la puissance
d'expression de cet art ; nous découvrirons quelle
gamme infiniment variée de sentiments revêt la
souplesse de ses mélodies pures, depuis la joie
spirituelle la plus profonde jusqu'à la tristesse et
le désespoir de l'âme pécheresse, et cela en dehors de toute émotivité nerveuse, de toute sur-
prise de la sensibilité et de l'imagination.

*
* *

Ainsi le chant religieux du moyen-âge nous
révèle où est la réalité spécifique de la musique,
rejetant tout moyen d'expression hormis la ligne

mélodique pure ; et il nous fait connaître que la mélodie est l'élément proprement spirituel de la musique. Au problème que pose le point de vue pédagogique, nous pouvons donc répondre maintenant : l'objet le plus haut de l'art musical est de faire l'éducation morale et religieuse des hommes ; et c'est la mélodie pure qui remplira cette mission en éveillant les âmes au sentiment des réalités spirituelles.

Il ne saurait toutefois être question de nous confiner dans la musique unissonique telle que le plain-chant nous en donne l'exemple. Le chant grégorien doit être surtout pour nous un critère qui nous permette de juger la valeur spirituelle des œuvres. Or l'art musical d'aujourd'hui est, à l'inverse du plain-chant, un art essentiellement polyphonique. On ne saurait l'abstraire de cette réalité et l'utiliser actuellement autrement que sous sa forme usitée qui est l'harmonie et la musique d'ensemble.

Cet art, l'art d'aujourd'hui présente d'ailleurs un caractère nouveau, absent de la musique unissonique grégorienne : il exprime un ordre de réalités collectives ; ne peut-on pas dire dans un sens qu'il est *social* par rapport à la mélodie considérée comme élément individuel ? C'est là un caractère dont l'esthétique religieuse de la musique doit tirer parti, car il est extrêmement symbolique des deux pôles de la vie chrétienne : individu, société ; et ce fait nous permet de prolonger les principes de l'esthétique grégorienne jusque dans la polyphonie elle-même, considérant que, dans l'harmonie, la seule réalité, la seule valeur est la mélodie, de même que, dans la société, la seule réalité, la seule valeur est l'individu.

Or, si l'on se place au point de vue chrétien, la société n'a pas pour rôle de diminuer, de supprimer l'individu, mais au contraire de le porter à sa perfection ; de même l'harmonie qui n'est que l'expression d'une dépendance mutuelle, d'une conformité, d'une solidarité de plusieurs mélodies, ne devra pas avoir pour rôle de les diminuer, de les supprimer, mais au contraire de les porter à leur perfection. C'est la solidarité qui crée les personnalités ; de même c'est l'harmonie qui doit susciter les mélodies. Et c'est là, pour la mélodie, comme pour l'individu, une création, une mise au jour qui est l'œuvre de la collectivité, car aucune ne peut parvenir sans l'aide des autres à la perfection.

Ce parallèle étrange entre l'idéal chrétien d'une société parfaitement unie et celui d'une semblable harmonie de mélodies comporte déjà, il est facile de s'en rendre compte, toute une position esthétique. Cet idéal est réalisé d'ailleurs dans les œuvres les plus incontestablement religieuses de la musique polyphonique, celles de Bach, de Schütz, de Palestrina, de Goudimel. Mais cette esthétique condamne toute une partie de l'art musical, surtout l'art sensualiste, l'art qui fait de l'accord la réalité la plus fondamentale de la musique, mutilant, défigurant les mélodies même les supprimant entièrement comme il arrive dans l'impressionnisme moderne. Or le gouvernement monarchique de l'accord, auquel de plus en plus

7

on attribue la valeur essentielle et que l'on élève jusqu'à la dignité de fin unique, ne comporte en fait l'expression d'aucune réalité de l'ordre spirituel…

Si nous voulons nous représenter ce que doit être une esthétique religieuse de la polyphonie, il faut nous souvenir par-dessus tout que la réalité spécifique de l'art musical, pareillement sa valeur spirituelle consiste toute dans la ligne mélodique pure ; et que toute polyphonie doit non point servir à masquer la pauvreté des mélodies (1), mais être l'expression collective de leur beauté. Dès lors, au lieu de formuler des lois harmoniques qui ont pour fin l'accord, nous considérons que ces lois sont faites pour exprimer la solidarité des mélodies et que par conséquent elles doivent avoir de la ligne mélodique et sa souplesse et sa spontanéité. L'harmonie ne sera plus ainsi un ensemble de règles immuables et mathématiques, sorte de législation arbitraire imposée du dehors à la mélodie ; mais elle jaillira spontanément des lignes qui trouveront dans leur solidarité vivante un mutuel appui nécessaire et une dépendance réciproque capable de les épanouir en perfection. Ainsi le créateur de véritable polyphonie sera celui qui s'assignera pour but immédiat de faire dépendre la beauté originale

---

(1) Cf. Tolstoï. *Qu'est-ce que l'Art ?* p. 214.
Par suite de l'appauvrissement du fond c'est-à-dire du sentiment, les mélodies des musiciens modernes sont d'un vide navrant. Et pour renforcer l'impression de ces mélodies trop vides les musiciens s'ingénient à les surcharger d'une foule d'harmonies et de modulations compliquées qui ne sont accessibles qu'à un petit nombre d'initiés…

de chacune de ses mélodies les unes des autres
dans un ensemble harmonique qui soit une société de mélodies ; et ce sera là véritablement la
loi de l'amour fraternel que le musicien traduira
dans des symboles d'art.

La tâche du créateur peut avoir une grande
portée ; aussi sa responsabilité est immense. Car
le créateur inspiré vit dans une telle sphère de
réalités collectives qu'en s'exprimant lui-même
il exprime aussi les pensées confuses et les essors
latents de tout un monde qui sans lui se serait
peut-être toujours ignoré. C'est une foule, une
humanité qui se découvre dans la pensée d'un
homme ! Cet homme, cet inspiré révèle des
consciences à elles-mêmes.

Aussi y a-t-il des créateurs néfastes, révélateurs
des sentiments mauvais et des désirs inavoués,
ancrant le mal dans le cœur des hommes et trans-
formant en puissance d'action les tendances la-
tentes du péché. Tels sont ceux que ne s'oublient
pas eux-mêmes dans leurs œuvres et surtout qui
n'y oublient pas leurs passions. Le créateur religieux pense au contraire que son œuvre ne lui
appartient pas. Il songe à chacun de ceux qui
auront une voix et un cœur pour chanter son
œuvre ou l'écouter. Et alors il se place dans un
idéal absolu de perfection que l'art lui fait entre-
voir comme dans une illumination ; il découvre
que son art doit exprimer l'amour fraternel des
âmes ; il désire que son œuvre soit elle-même une
révélation religieuse, qu'elle ait la puissance de
révéler les âmes à elles-mêmes dans le sentiment
de l'amour... Et, pour cela, il s'oublie lui-même

dans son art ; son art devient comme une prière paisible qui exprime l'inexprimable...

En vérité, la littérature musicale ne manque point de tels créateurs. N'est-ce pas là l'art des J.-S. Bach, des Schütz, des Palestrina, des Goudimel ? Il ne nous manque pas de tels créateurs, mais ce sont les éducateurs qui nous manquent pour faire aimer, pour faire vivre leurs œuvres dans les cœurs. Et je crois que le jour où les éducateurs auront compris la mission véritable de l'Art musical, et s'efforceront de réaliser par la musique un tel programme de perfectionnement spirituel, je crois que ce jour-là l'Art musical aura atteint son but, sa raison d'être. Et il sera donné alors à la musique d'accomplir la mission qu'un prophète des temps modernes, Tolstoï, assignait à l'Art en général ; elle fera l'éducation morale des hommes et hâtera l'avènement du Royaume de Dieu sur la Terre.

Ecoutons Tolstoï :

« L'Art n'est pas une jouissance, un plaisir ni un amusement ; l'Art est une grande chose. C'est un organe vital de l'humanité qui transporte dans le domaine du sentiment les conceptions de la raison. Dans notre temps la conception religieuse des hommes a pour centre la fraternité universelle et le bonheur dans l'union. La science véritable doit donc nous enseigner les diverses applications de cette conception à notre vie ; et l'Art doit transporter cette conception dans le domaine de nos sentiments. Ainsi l'Art a devant lui une tâche immense ; avec l'aide de la science, et sous la conduite de la religion, il doit faire en sorte que cette union pacifique des hommes qui ne s'obtient aujourd'hui que par des moyens extérieurs — tribunaux, police, inspections, etc., — puisse se réaliser par le libre et joyeux consentement de tous. L'Art doit détruire dans le monde le règne de la violence et de la contrainte. Et c'est une tâche que lui seul est en état d'accomplir.

La destination de l'Art dans notre temps est de transporter du domaine de la raison dans celui du sentiment cette vérité : que le bonheur des hommes consiste dans leur union. C'est l'Art qui seul pourra fonder, sur les ruines de notre régime présent de violence et de contrainte, ce Royaume du Dieu qui nous apparaît à tous comme l'objet le plus haut de la vie humaine.

Et c'est chose fort possible, que dans l'avenir la science fournisse à l'Art un autre idéal, et que l'Art ait alors pour tâche de le réaliser ; mais dans notre temps la destination de l'Art est claire et précise. La tâche de l'Art véritable, de l'Art chrétien, est aujourd'hui de réaliser l'union fraternelle des hommes. » (1)

____

(1) Qu'est-ce que l'Art page 266.

Les orgues de l'Eglise Evangélique de l'Etoile.
(54, Avenue de la Grande-Armée, Paris.)

CONFÉRENCE
sur les Psaumes de la Réforme
par M. Alex. CELLIER

NOS PSAUMES

Malgré tout mon désir de borner mon rôle oratoire à traiter les sujets musicaux sur lesquels 20 ans de pratique comme organiste ont pu me donner quelques lumières, je suis amené encore aujourd'hui à prendre la parole sur un sujet lourd d'honneur puisqu'il s'agit de nos Psaumes. J'ai vainement cherché à Paris quelqu'un de plus qualifié que moi pour venir ici vous en parler et je m'étais adressé en premier lieu à M. Henri Expert, bibliothécaire de Conservatoire que d'admirables travaux sur la musique réformée de la Renaissance imposaient sans conteste ; à son grand regret, il ne pouvait quitter son poste, pas plus que M. Maurice Emmanuel, professeur d'histoire de la musique au Conservatoire qui, selon sa propre expression « avait le cœur gros » de ne pouvoir m'accompagner. Bref, après n'avoir pas mieux réussi auprès de M. Chantavoine, le musicographe bien connu, je fus sollicité pour assumer la tâche et c'est en espérant profiter des trésors documentaires de la ville lumière ainsi que d'utiles conversations avec M. Expert que je me mis à l'ouvrage espérant éviter de prononcer, à défaut d'une éloquente plaidorie en faveur de nos psaumes, un involontaire réquisitoire.

Mettre en vers français et en musique les Psaumes de David, c'était traduire le plus sublime monument de poésie religieuse qui soit écrit en cette langue hébraïque si lapidaire que rien ne vaut la traduction littérale. Tâche difficile qui ne fut d'ailleurs pas toujours parfaitement réalisée ; de plus, une traduction, si admirable soit-elle, sera toujours une transposition qui n'égalera jamais le modèle. Mais la Réforme voulait comprendre en français et revêtir ce langage nouveau d'une musique qui lui soit propre, plus riche et plus éloquente que la psalmodie hébraïque ou le plain-chant romain.

Ceci nous amène à dire quelques mots de la musique des Psaumes avant la Réforme. J'ai tâché de retrouver des traces de la musique sur laquelle on pouvait bien les chanter au temple de Jérusalem ; mais, en dehors d'une notation mélodique conservée pour le chant de la Thora qui figure au-dessus et au-dessous du texte hébreu, il n'existe rien. On en est réduit à supposer que la musique était improvisée ou même, selon quelques vagues indications en tête de quelques psaumes on devait chanter les psaumes sur des airs déjà populaires, ce qui prouverait que les anciens procédaient comme nous avons procédé nous-même pour les psaumes, comme on le dira plus loin. D'ailleurs, si extraordinaire que cela nous paraisse, le Psaume n'existe guère en tant que Psaume dans le culte hébraïque comme dans la liturgie chantée; il figure cependant dans les offices du Rite portugais où on psalmodie à l'Orientale sur des mélodies fort anciennes. Mais comme musique polyphonique l'on ne peut guère citer que le musicien israëlite Rossi qui, à la Renaissance mit des psaumes en musique de façon remarquable.

Le plain-chant du moyen-âge ensuite ne revêtit pas les Psaumes d'une bien riche musique non plus; huit formules des huit modes de plainchant sont prévues pour s'adapter aux Psaumes, sorte de mélopée toujours la même pour chaque verset. On peut également s'étonner que ce soit les autres textes liturgiques, presque entièrement nouveaux qui aient inspiré les plus belles mélodies du plain-chant. Ceci prouverait seulement que le nouvel esprit chrétien était plus inspiré par lui-même que par le vieil élément judaïque.

On peut donc affirmer que le puissant mouvement intellectuel de la Renaissance auquel la presse de Gutenberg ne fut pas étrangère suscita l'enthousiasme littéraire pour les Psaumes, bientôt suivi du désir de les mettre en musique, non seulement en mélodie, mais polyphoniquement.

Nous ne voulons pas traiter aujourd'hui les Psaumes au point de vue littéraire; c'est déjà un sujet digne d'admiration et de crainte que l'envergure de la question au point de vue musical. Toutefois, Clément Marot et Théodore de Bèze sont tellement liés à cette question qu'il serait difficile de ne pas dire quelques mots de leur œuvre. Le premier en date, Clément Marot, traduisit 3o psaumes et fut, de beaucoup le vrai poète français des Psaumes, celui dont les strophes sont d'un caractère et d'une langue très supérieures à celles de Th. de Bèze. Les deux traducteurs ne méritaient d'ailleurs ni l'un ni l'autre le mépris de Voltaire disant : « qu'à mesure que le bon goût se perfectionnait, les psaumes de Marot et de Bèze ne pouvaient plus insensiblement inspirer que du dégoût ! »

Ne prenons point trop au sérieux cette opinion; l'esthétique subit comme les terrains de culture les lois de *l'assolement* et nul art n'y a échappé. Le siècle de Voltaire méprisa le gothique qui ne s'en porte que mieux et les peintres de l'école du premier empire honnirent l'art du xviiie siècle si goûté aujourd'hui. On peut même ajouter que ce qui a été loué avec excès, risque d'être dénigré en conséquence ; cela est dans la logique du juste retour, repos et oubli étant nécessaires à toutes choses comme une terre épuisée a besoin de repos ou de cultures différentes. Juger une langue en pleine période d'évolution, est difficile à distance, surtout au temps de Voltaire où cette même langue atteignait sa période de fixation classique. Le langage de Marot étant plus loin de nous maintenant, nous lui trouvons au contraire une saveur archaïque, une concision de termes et une couleur qui nous font trouver pâles nos polissages modernes. Sans doute, le français n'est plus le nôtre ; de crudités d'expression ne sont plus tolérables et pour l'usage pratique il a bien fallu transiger, mais nous devrions chanter plus souvent nos vieux psaumes dans leur version poétique de l'époque.

En gardant la langue latine pour sa liturgie, l'Eglise catholique a évité, par cette adoption d'une langue morte les dangers d'évolution d'une langue vivante et il est indéniable que cela a consacré pour tous les peuples l'unité de langue religieuse. Pratiquement, cela eut bien des inconvénients puisque la Réforme se devait de répandre les textes sacrés traduits en la langue de chacun. Mais cela constitue une raison de plus pour conserver nos textes de la Renaissance.

Les psaumes traduits par Th. de Bèze sont d'un langage poétique plus pâle et moins original ; les vers n'en sont pas toujours bons, parfois incorrects ou diffus. Il s'y trouve, malgré tous les termes surannés et locution triviales, de beaux passages. En somme, malgré les 200 traductions du Psautier depuis, les vers de Marot et de Bèze ont survécu, peut-être parce qu'ils ont le plus parfait mérite qui soit, la sincérité et deux autres qualités, celle de la primité et de la nécessité..

La prière chantée ayant été de tous les temps et de toutes les religions, la Réforme de Calvin ne pouvait, malgré l'austérité de ses formes renoncer à l'appoint du langage musical.

Calvin lui-même, adversaire du chant à quatre parties qui lui semble une nouveauté dangereuse, convient que le chant « donne plus de dignité et de grâce aux louanges de Dieu, et est un bon moyen pour inciter les cœurs et les enflamber à plus grande ardeur de prier » (Institution chrétienne). Mais il ajoute « qu'il faut toujours se donner garde que les oreilles ne soyent plus attentives à l'harmonie du chant que les esprits au sens spirituel des paroles ». Ici nous constaterons la différence d'esprit entre Luther et Calvin et essayerons de la définir en disant que Calvin craignait le *sensualisme musical*, alors que Luther comprenait davantage *l'intellectualisme musical*. Comme Victor Hugo et beaucoup d'autres littérateurs français, Calvin considérait la musique comme *une riche et éblouissante broderie*, et n'en voulait pas beaucoup plus qu'il n'en fallait pour que le rythme musical entraîne les fidèles à prier ensemble. Luther, au contraire, disait : « La musique gouverne le monde, adoucit les mœurs, est le soutien des affligés. Elle est fille du ciel et l'homme qui y est sensible ne peut avoir que de bons sentiments. Ceux que la musique ne touche point sont des cœurs secs. Je ne peux mieux les comparer qu'à des morceaux de bois ou de pierre. »

Il estimerait donc infiniment plus que Calvin la haute signification de la musique, ce langage dont le mystère échappe souvent même aux musiciens qui y consacrent leur vie. N'empruntant rien de tangible à la nature, la langue musicale sans mot et sans couleurs est certainement la plus difficile à matérialiser.

Toutefois, Calvin disait : « Nous expérimentons que la musique a une vertu secrète et quasi-incroyable à esmouvoir les cœurs en une sorte ou en l'autre ». Il constatait donc et ne contredisait pas le rôle de la musique, mais, n'étant pas musicien lui-même, il ne prit pas une part active comme Luther, à la fondation de la musique réformée.

De plus, Luther se contenta en bien des cas de filtrer et sélectionner les éléments musicaux et liturgiques de l'époque et absorba pour le culte nouveau tout ce qui pouvait être emprunté à la musique profane. Cette sage méthode, celle qui, selon Renan, a comme point de départ un profond respect du passé n'est point celle du français Calvin qui témoigne en cela de fâcheux absolutisme d'idées propres à nos compatrictes lorsqu'ils font des révolutions : table rase du passé semble trop souvent être leur mot d'ordre. Il s'en suivit qu'à part les Psaumes, aucune œuvre musicale religieuse de réelle valeur ne se doit au calvinisme. Comme nous l'avons dit plus haut, Calvin n'admettait pas la polyphonie ainsi qu'il ressort de cette déclaration concernant : « les chants et mélodies composées au plaisir des oreilles seulement comme sont tous les *fringots* et *fredons* de la papisterie, et tout ce qu'ils appellent musique rompue et chose faite, et chants à quatre parties qui ne conviennent nullement à la majesté de l'Eglise ».

Nous avons entendu au cours du congrès de Mazamet M. Haein définir avec justesse le rôle du chant collectif en parties où l'individualisme s'harmonise à l'ensemble, et sans bannir le beau primitivisme du chant à l'unisson, nous ne craindrons plus le chant en parties. Il y a, ne craignons pas de le dire, certains fredons papistiques comme le *Te Deum*, le *Dies irae*, le *Lauda sion* et le *Puer natus*, dont Bach a fait un admirable choral, qui ne font nullement oublier la grandeur des paroles et ne sont pas à quatre parties, soit dit en passant.

Le prodigieux essor musical de l'Allemagne, ayant abouti à J.-S. Bach, dont l'art résume le passé et pressent l'avenir, prouve bien que Luther avait vu juste et le choral dont il est père restera peut-être plus populaire et moins grand seigneur que le psaume français.

On peut prouver que Marot travailla au psautier dès 1533 et termina vers 1539; les manuscrits circulèrent immédiatement à la cour où ils furent accueillis avec enthousiasme. Les musiciens mirent à qui mieux mieux ces psaumes en musique sur des airs connus ou airs de chansons profanes. Chacun eut son Psaume favori. François Ier en chantait un sur l'air :

Que ne vous requinquez-vous, la vieille ?

Le roi Henri II, grand chasseur, prit pour sien le psaume 42 : *Ainsi que la biche rée.* Diane de Poitiers adopta : *Du fond de ma pensée.* Il existe au château d'Anet un portrait de cette grande dame, en un costume assez mythologique, entouré des premiers vers du psaume 42. Ce singulier amalgame de sacré et de profane n'était pas rare à l'époque.

Le chant des psaumes ne fut pas à l'origine spécifiquement protestant, ainsi qu'on le voit ; ce ne fut que plus tard que la Réforme, affirmant sa foi par le chant des Psaumes l'Eglise catholique en interdit le chant en langue vulgaire.

Le succès appela vite l'édition ; nous ne parlerons que de l'édition avec musique pour rester dans nos limites. La première connue est celle de Strasbourg en 1539 dont on ne connaît qu'un seul exemplaire à la bibliothèque de Munich sous ce titre : *Aulcuns Psaumes* et renfermant 18 psaumes, le cantique de Siméon, les 10 commandements et le Credo. La plupart des airs sont d'origine allemande ; le fameux air de Psaume des Batailles y figure déjà. On en a publié dernièrement un recueil en fac-simile photographique à Genève (Julien).

L'édition qui suivit fut celle d'Anvers, connue sous le nom de Psautier flamand et éditée en 1541, revue et corrigée par le théologien Pierre Alexandre, moine converti à la Réforme. Ce rarissime volume est dans la collection Lutteroth. Il renferme les 30 psaumes de Marot et d'autres traduits par divers auteurs. Les psaumes se chantaient sur des timbres de chansons profanes tels que :

Les Aventuriers de France
ou : *Faulte d'argent, c'est la puce à l'oreille*
Adieu tout solas plaisir et Lyesse
Adam a regress.

Le timbre de la chanson : « Faute d'argent » est encore celui d'un psaume de notre recueil.

Le recueil suivant en date est le petit volume publié à Strasbourg en 1542, caractères gothiques, connu sous le nom de « Psautier pseudo-romain ». Il contient la liturgie complète des Eglises réformées et appartient à la collection Gaiffe. Les mélodies sont, pour la plupart, empruntées aux recueils précédents. L'appellation

« pseudo-romain » vient de ce que l'imprimeur, pour donner le change et assurer la libre circulation du volume, avait eu l'audace de mettre : Imprimé à Rome avec privilège du Pape, alors qu'il le fut bel et bien à Strasbourg.

La recherche complète de documents relatifs à l'histoire du Psautier exigerait vraiment de celui qui voudrait l'entreprendre une tâche très étendue, tellement sont rares et dispersés les exemplaires des différentes éditions. Le recueil de Genève de 1542 en est la preuve car le seul exemplaire existant se trouve à la bibliothèque de Stuttgart. Calvin le fit publier en rentrant à Genève après son séjour à Strasbourg et il contient une partie liturgique et la préface dans laquelle Calvin fait l'éloge du chant sacré.

Suivent ensuite des éditions, souvent sans musique et sans liturgie, dont certaines ont disparu. Il existait à Strasbourg, en 1870, un unique exemplaire de l'édition de 1545, imprimé dans cette ville ; les obus prussiens, en incendiant la bibliothèque pendant le siège, supprimèrent ce trésor historique.

En citant deux éditions de 1547, nous voyons apparaître un nom vénéré dans l'histoire du Psautier, celui de Loïs Bourgeois, qui publia ces deux éditions avec musique en plusieurs parties. Suivirent ensuite jusqu'en 1550 de nombreuses éditions qui affirmaient le grand succès des psaumes, suivi d'ailleurs des interdictions et censures de la Faculté de théologie de Paris.

Jusqu'en 1552, on n'avait guère publié que les Psaumes de Marot, avec ceux de quelques autres traducteurs, plus ou moins oubliés aujourd'hui.

C'est en 1552 que Th. de Bèze apparaît comme traducteur et que 34 psaumes de lui sont joints à ceux de Marot ; depuis, leurs noms sont inséparables et unis dans le prodigieux succès des Psaumes.

Ces succès inquiétaient grandement le camp adverse et, en 1560, on publie un pamphlet haineux *Le contrepoison des 52 chansons de Clément Marot, par Artus Désiré*, renfermant des vers violemment satiriques et bassement injurieux. Il en existe un exemplaire à la Bibliothèque de l'Arsenal.

Les éditions se succédaient cependant au fur et à mesure que Th. de Bèze complétait son travail. Les citer toutes dépasserait notre cadre ; signalons seulement au point de vue musical, l'édition de 1561 avec musique à quatre, cinq et six parties, de Loys Bourgeois, ainsi que celle dédiée à Charles IX avec mise en musique par Thomas Champion dit Mithou, organiste de la chambre du roy.

En 1562, on vit jusqu'à 25 éditions différentes des 150 psaumes dont neuf à Genève, trois à Lyon, sept à Paris, une à Saint-Lô et cinq sans lieu d'édition.

Par une singulière contradiction, l'autorité royale et catholique autorisa l'impression à Anvers de 150 psaumes avec la mélodie. Il est vrai que ni la liturgie réformée, ni le nom des traducteurs n'y figurent.

Nous sommes amenés à aborder maintenant plus spécialement le rôle de la musique qui se précisera de plus en plus ; il n'est pas étonnant que notre époque soit encore si imparfaitement renseignée sur certains points concernant la musique des psaumes puisqu'en 1745, un théologien de Genève, Léonard Baulacré trouvait « la question épineuse » de savoir de qui était la musique des psaumes. L'historien de Thou attribue à Goudimel la mélodie de psaumes. Un autre historien fantaisiste croit que Claudin le Jeune est un surnom de Goudimel, etc., etc.

Le grand musicographe Fétis, beaucoup plus exact, affirme avec raison que la première musique des psaumes fut celles des chansons profanes, sont comme beaucoup de chorals luthériens, peut-être ne se rend-t-il pas compte (et c'est là le point délicat de l'histoire musicale des Psaumes) que ces mélodies sont l'œuvre des siècles, lentement transformés et dont Bourgeois est, pour la plupart, le génial et scrupuleux metteur au point. Pour beaucoup de mélodies de psaumes et chorals, autant demander les noms des architectes et sculpteurs de cathédrale que d'en trouver les auteurs.

En résumé, les mélodies du Psautier semblent avoir comme origine principale : les chants populaires et les mélodies originales des artistes.

Les harmonistes n'étaient que très rarement les auteurs des mélodies, contrairement à nos conceptions modernes ; l'art de l'harmonisation était considéré comme suffisamment méritoire, ce qui était logique étant donné sa nouveauté.

Pour en revenir aux mélodies, rappelons que Luther savait prendre au diable celles qui lui semblaient dignes d'un meilleur sort, se plaignant que l'on avait tant de belles choses dans le genre mondain et, dans le spirituel, rien que de froid et de mauvais. Il en est un peu ainsi de nos jours encore où l'art et la religion vont moins bien ensemble que jadis, très mal même hélas !

Tout le Psautier flamand est sur des airs profanes dont les paroles sont souvent du dernier galant. Du temps de François Ier, nous avons vu sur quels timbres se chantaient les psaumes. Pour retrouver les traces de toutes les adaptations, il faudrait compulser environ 1.500 timbres du XVIe siècle et la fameuse Clef de Caveau qui en contient 2.350. Voici quelques timbres caractéristiques retrouvés : le psaume CXXXVIII se chante sur une mélodie de l'Attaignant dont le texte est :

> *Une pastourelle gentille et un berger*
> *En un verger*
> *L'allégresse de là mélodie profane*

convient assez en paroles sacrées ; avis pour que l'on chante ce psaume avec entrain.

Le psaume XXV : *A toi mon Dieu, mon cœur monte,* est inspiré d'une chanson flamande modifiée par Bourgeois.

Ces deux exemples sont caractéristiques d'une adaptation quasi intégrale.

Nous entrons maintenant dans le domaine des emprunts par réminiscence avec le fameux psaume LXV dont le début est celui de la chanson publiée par Susato : *Petite camusette à la mort m'avez mis*, chanson qui avait, paraît-il, le don de faire sourire Calvin lui-même.

Le psaume VIII emprunte son début à un autre chant de Susato ; de même le psaume LXXVII.

Il est bien évident que certaines analogies musicales sont de pures coïncidences ; les mélodies *sont dans l'air* et on leur prend ce qui est bon. Aujourd'hui, par ce temps d'individualisme à outrance et de mépris ignorant pour le passé, il est bon de se souvenir que les plus grands artistes ont été le plus souvent, ou de grands absorbeurs ou d'admirables metteurs au point, indifférents aux reproches de non-personnalité et seulement soucieux du *plus beau*.

Loys Bourgeois qui fut par excellence un metteur au point pour les Mélodies de Psaumes, joue un rôle primordial que nous allons exposer par la suite; avant de poursuivre, nous citerons comme auteur de mélodies de psaumes son contemporain, Guillaume Franck. Par une singulière ironie qui semble souligner le traditionnel antagonisme entre Genève et Lausanne, Guillaume Franck, de Rouen, après avoir été chantre de l'Eglise Saint-Pierre de Genève, s'établit à Lausanne où la pauvreté l'accompagna fidèlement, pour confirmer une des bonnes traditions de la carrière musicale, d'ailleurs. Mais, établi à Lausanne, il composa pour les nouveaux psaumes de Th. de Bèze, une autre musique que celle de Bourgeois, tout en conservant pour les psaumes de Marot la musique des éditions précédentes ; ce mouvement d'indépendance nous est confirmé par certains documents et la rivalité entre les

deux villes par ce que Viret écrivait déjà à Calvin,
en 1542 : « Nous avons résolu de chanter la musique des psaumes composée par Gindron (cha-
noine de la ville) qui est bien plus facile et agréa-
ble que la vôtre. » Comme l'œuvre de Bourgeois
est supérieur de beaucoup à celle de Franck, ainsi
qu'on peut s'en rendre compte par les exemples
musicaux donnés dans le bel ouvrage de
O. Douen, ce fut donc Franck qui obéit à l'esprit de vanité ou aux influences de clocher en
préférant ses mélodies à celles de Bourgeois. Son
œuvre n'ayant pas prévalue, nous aborderons
d'autant plus volontiers celle de Loys Bourgeois
maintenant. Ce dernier, né à Paris, fut amené à
Genève par Calvin en 1541 et retourna à Paris
en 1557, n'ayant pu s'entendre avec le Réformateur qui ne voulait pas de musique à quatre parties. Il ne semble pas qu'il ait été bien heureux
à Genève, malgré sa valeur et son zèle, sans parler de sa condamnation à vingt-quatre heures de
prison pour avoir perfectionné sans permission la
musique des psaumes. Son œuvre consista surtout à mettre en musique les psaumes n'ayant
pas encore de mélodies dans l'édition pseudo-
romaine. Le plus beau mérite de son œuvre est
d'avoir remplacé les mélodies médiocres par d'admirables en bien des cas et d'avoir certainement
œuvre de compositeur original lui-même.

Pour citer un exemple tiré de l'ouvrage de
O. Douen, le Psautier pseudo-romain renferme
des mélodies comme celle du psaume cxxx :
Du fond de ma pensée, s'approchant beaucoup de
la version de Bourgeois, mais à laquelle celui-ci

a apporté les modifications qui en font un chef-
d'œuvre. Et d'une façon générale, les révisions
mélodiques de Bourgeois tendent à une unité, une
plastique mélodique et une symétrie que n'a jamais eu le plain-chant. Ce qui caractérisera le
psaume de la Renaissance, en opposition avec le
plain-chant, c'est sa plus grande architecture
rythmique et mélodique, sa carrure nouvelle.

Le plus ancien recueil publié par Bourgeois,
à quatre parties, en 1547, figure dans deux biblio-
thèques, à Vienne et à Munich. Un très précieux
exemplaire de 1549 existe à la Bibliothèque du
Protestantisme-français. Au cours de ces éditions
successives, Bourgeois perfectionna sans cesse
son œuvre.

En résumé, 83 psaumes sur 150 peuvent être
considérés comme ayant été pourvus de musique
adaptée ou composée par Bourgeois. Lorsqu'il
quitta Genève en 1557, il restait à traduire et
mettre en musique 62 psaumes.

Le musicien qui compléta le recueil était fort
inférieur à Bourgeois ; il introduisit en particulier un air pour le psaume XLVIII, tout à fait gros-
sier et d'une balourdise désespérante. Il fut plus
heureux en empruntant au recueil strasbourgeois
l'admirable mélodie du célèbre psaume LXVIII ou
Psaume des Batailles.

Entre autres remarques intéressantes sur les
psaumes, il convient de faire celle que beaucoup
de mélodies appartiennent encore aux tonalités de
plain-chant ; elles ont malheureusement perdu
beaucoup de ce caractère pour la plupart par de
fâcheux ajouts d'accidents qui les transforment

en modes majeur et mineur modernes. Cependant, signalons parmi ceux ayant à peu près conservé le mode authentique le beau psaume LI.

« *Miséricorde au poure vicieux* » qui est un pur exemple de 4ᵉ ton de plain-chant avec sa dominante *la* et sa finale *mi* ; l'ajout de la sensible constitue le seul et fâcheux apport moderne.

A la suite de Bourgeois, le succès des psaumes se développant toujours, Philibert Jambe de Fer obtient à son tour le privilège du roy pour l'harmonie des 150 psaumes. Les adversaires de la Réforme tentent vainement d'en entraver l'essor; ils sont obligés de reconnaître que le nouveau chant « doux et chatouilleux » des psaumes attirent les âmes par son harmonie. La musique est, bien plus qu'aujourd'hui, le bras droit du prédicateur et, d'autre part, tient la place qui lui est due dans les études puisqu'une école dépendant de Calvin consacrait quatre heures par semaine à la musique.

Pour remédier à l' « Improbité des Hérétiques », Philippe des Portes, abbé de Thiron, fit une traduction des psaumes qui fut mise en musique par Caignet, *ordinaire* en la musique du Roy. Ce plagiaire sans scrupule fit des emprunts non déguisés aux mélodies de Bourgeois et ce nouveau contrepoison ressemblait fort à un traitement Pasteur, qui inocule la maladie elle-même pour n'y pas succomber.

Les mélodies des psaumes atteignent maintenant leur période classique et c'est la période harmonique qui commence. On connaît les noms, sinon l'œuvre de vingt musiciens ayant harmonisé les psaumes ou composé de nouvelles mélodies, à l'époque. Beaucoup de ces harmonistes n'appartiennent pas à la Réforme, comme Roland de Latre, Pierre Certon. Pour certains on n'est pas très fixé comme Jeannequin, suspect d'avoir tourné au huguenot.

Citons brièvement d'autres noms d'harmonistes de la Renaissance : Jean Louys, Crassot, Sureau du Rosier, Jean Servin. Les deux dont l'importance et la beauté de l'œuvre l'emportent de beaucoup sont Claude Goudimel et Claude Lejeune. Malgré ses harmonisations, la gloire de Bourgeois est surtout d'avoir donné aux psaumes les mélodies qui ont prévalu à juste titre ; celle celle de Goudimet sera d'avoir donné l'harmonisation la plus riche, la plus suave et la plus variée, celle qui est dans le vrai caractère des psaumes.

Goudimel, né à Besançon vers 1510, fut attiré à Rome, rendez-vous de tous les chantres d'alors et on croit qu'il fut le maître de Palestrina. Tout comme Marot il composa des chansons très profanes. Revenu à Paris vers 1555, il embrassa la Réforme conquis peut-être par le chant des psaumes qui faisaient fureur au Pré-aux-Clercs.

Il se retira ensuite à Lyon pour fuir les persécutions, mais il y fut victime de la Saint-Barthélemy lyonnaise en 1572.

On voit apparaître la première édition de ses psaumes en 1562, mais l'édition qui retiendra notre attention sera celle dont s'inspire aujourd'hui encore notre recueil réformé, celle de 1565 dont les exemplaires sont fort rares. J'ai pu néanmoins en voir deux à Paris, l'un à la Bibliothèque du Protestantisme et l'autre à la Bibliothèque du Conservatoire, tous les deux en bon état, notamment celui du Conservatoire. Ce recueil renferme une préface de Calvin, la fameuse épître de Bèze au *Petit troupeau*, la table des psaumes, etc., et à la fin la liturgie complète et un court catéchisme. Au commencement figure l'avertissement de Goudimel : « Nous avons adiousté au chant des psaumes, en ce petit volume, trois parties, non pour induire à les chanter en l'église, mais pour s'ésouir en Dieu particulièrement ès maison. Cela ne doit être trouvé mauvais, d'autant que le chant duquel on use en l'Eglise demeure, comme s'il estoit seul ».

Dans ce psautier, presque toujours en harmonie note contre note avec chant au ténor, sauf 17 psaumes, la musique n'est pas en partition comme de nos jours, mais les parties sont en regard, de chaque côté des pages.

L'édition la plus importante ensuite fut celle de 1580, dans laquelle figurent certains psaumes de l'édition de 1565, mais dont l'ensemble est écrit en contrepoint plus fleuri. Cette édition fut publiée en quatre volumes, un pour chaque partie, ce qui eut le fâcheux inconvénient de disperser les exemplaires un peu partout. La seule collection complète connue est celle que j'ai pu voir à la bibliothèque de l'Arsenal; ces quatre volumes de format oblong, reliés en parchemin sont en excellent état ; ils proviennent de la collection du duc de Lavallière, achetée en 1786. Ils sont précédés d'une dédicace en vers à Monseigneur Roger de Bellegarde, gentilhomme ordinaire de la chambre du Roy, par Claude Goudimel. Ces vers fort bien tournés sont-ils de Goudimel ? étant donné la mauvaise réputation des musiciens, en fait de culture intellectuelle, on a émis des doutes. Dans ces psaumes, le chant est presque toujours au soprano, sauf 15 psaumes. Il y en a en outre huit écrits pour *voix pareilles*, c'est-à-dire pour voix élevées ou voix graves, dans l'étendue de chaque genre.

Goudimel composa en outre des motets sur les thèmes de psaumes, dont certains sont à huit parties ; sans se lasser, il travailla sur ces thèmes et définit lui-même en ses vers les sentiments qui l'animaient, disant de son ouvrage :

> *Le plus fidèle témoignage*
> *De tous mes labeurs des plus beaux.*

et encore cette admirable pensée :

> *Le plus doux travail de ma vie*
> *Guidant mon espérance aux cieux.*

On ne peut que s'attrister en constatant combien le protestantisme français a ignoré et dédaigné l'homme et l'œuvre pour y substituer de coupables versions modernisées où de soi-disants musiciens se sont livrés à des actes de vandalisme. Avant d'aller chercher de mauvais chants à l'étranger ou en composer de si médiocres que ceux dont on est infesté depuis 50 ans, il faut tirer du passé ces œuvres admirables, puissantes qui n'auront pas de peine à faire oublier les platitudes commises par des amateurs sans talent, sans tradition et sans culture.

Claudin le Jeune, né à Valenciennes en 1530, publia de son côté en 1564, 10 psaumes de David à quatre parties et à sept parties ; en 1585, il publie à Anvers les *Meslanges* et, en 1598, le *Dodécacorde* à 2, 3, 4, 5, 6 et 7 voix, chez Hierosme Haultin, à la Rochelle. Cet ouvrage, ainsi que les précédents sont à la Bibliothèque Sainte-Geneviève, à Paris. D'autres éditions de psaumes suivirent jusqu'en 1665 en Hollande. A partir de Claudin le Jeune, nous pouvons considérer que les harmonistes du Psautier n'appartiennent plus à la Renaissance. Leur harmonisation, plus correcte à notre point de vue, n'est plus dans l'esprit et le style des mélodies dont elles ont trop souvent dénaturé le caractère et changé le texte primitif. On ne perfectionne pas plus l'harmonie de Goudimel qu'on ne perfectionne une statue de la cathédrale de Chartres, peut-être incorrecte selon l'anatomie, mais conçue pour s'harmoniser avec l'architecture sans la déparer. L'art ne fait de progrès, il évolue seulement et les architectes ou sculpteurs de l'ancienne Egypte n'auraient rien à apprendre de nous.

Les éditions de la Renaissance nous sont parvenues sans aucunes indications concernant le mouvement ou les nuances ; la question ne se pose pas lorsqu'un psaume doit être chanté par l'assemblée en ce qui concerne les nuances, car on ne peut exiger de ce puissant unisson autre chose qu'un caractère fruste, mais celle du mouvement se pose ; sur je ne sais quelle tradition qu'un psaume fort long aurait été chanté en un demi-quart d'heure, on en a déduit un peu som-

mairement qu'on devait les chanter tous très vite.
Certaines indications de l'époque prouveraient au
contraire qu'il ne faut pas les chanter vite. Nous
lisons en effet dans la *Préface des Psaumes*, de
Jean Servin : « Lesquels on sera adverti de chanter *posément* pour leur donner plus de gravité. »

On lit également dans la Dédicace de la première édition du *Dodécacorde* de Claude le Jeune.
« Si cette musique est pesante et grave, j'ai esti-
mé que nous devons être lassés et de nos modulations légères et de nos légères mutations. »
Ayant consulté les très rares ouvrages didactiques
de l'époque, je n'ai trouvé dans un opuscule de
Menehou (édition Expert) que la très anodine
recommandation de faire chanter les chœurs « le
plus plaisamment qu'on pourra » ce qui ressem-
ble fort à la recommandation du Médecin malgré
lui au paysan le consultant sur la maladie de sa
mère : « Allez, et si elle vient à mourir, faites-la
enterrer du mieux que vous pourrez » !

Plus sérieusement parlant, c'est en obéissant à
la pensée de Pascal concluant « qu'en définitive
tout raisonnement doit aboutir à céder au sentiment » que nous trouverons la vérité pour l'in-
terprétation des psaumes. De ce que les vers
de Racine ne portent pas d'indications sur la
façon de les déclamer, il ne s'en suit pas qu'il
faille les débiter tous sur le même ton ; de même,
il devrait tomber sous le sens que Le Psaume des
Batailles doit se chanter dans un mouvement vi-
goureux, le Psaume LII sur un rythme gracieux,
les Psaumes de Pénitence sur un rythme dolent
et grave, etc., etc. Le caractère des mélodies et

le sens des paroles seront les meilleurs guides ; on se souviendra également de l'origine populaire des mélodies pour en conclure qu'elles ne réclament ni un mouvement très vif, ni un mouvement très lent. Le *tempo ordinario* de nos pères s'appliquera à la plupart des psaumes et les anciennes indications comme : *gay, gratieux, fort tendrement*, découleront tout naturellement de l'esprit du texte pour déterminer l'esprit des nuances. Dans les psaumes de Goudimel où la dernière phrase comporte une reprise très souvent, la deuxième fois sera chantée, selon la tradition *en écho* de la première.

Les points d'orgue ne figurent pas sur les éditions originales, mais des signes de silences qui, d'après : « Le droict chemin de musique », de Loys Bourgeois lui-même équivaudraient à la demi-pause en certains cas.

En revanche, dans le choral allemand, on peut affirmer que le point d'orgue est vraiment opérant ; la meilleure preuve en est qu'on a conservé les fioritures que Bach improvisait pendant la tenue du point d'orgue et cela pour laisser aux bonnes gens le temps de lire vers et musique.

Beaucoup des versions authentiques de nos psaumes ont le chant au ténor, d'où la nécessité de bien renforcer cette partie dont le nom français signifie d'ailleurs : *teneur*, c'est-à-dire la partie qui a la teneur mélodique. Une disposition de chœur heureusement expérimentée par moi à l'Eglise de l'Etoile consiste pour ces psaumes à laisser assis les choristes chantant le soprano, l'alto et la basse et de faire au contraire chanter debout les ténors dont le groupe pourra nettement être séparé de l'autre.

Malgré tout, il ne faut pas se dissimuler qu'il y a de réelles difficultés à reconstituer l'exécution de nos psaumes, autant que pour les œuvres de Palestrina, Josquins des Prés, etc.; la Renaissance avait d'admirables chanteurs et comme voix d'hommes on connaissait par exemple la voix de haute-contre et de fausset (en italien : falsseto) que nous ne connaissons plus. Il faut en bien des cas transposer et faire de très légères modifications pratiques ; c'est là que rien ne peut remplacer la science et l'expérience musicale.

Un dernier vœu en terminant sera celui de voir encourager par l'édition la mise au répertoire des églises de tout ce beau patrimoine musical français; des journaux musicaux catholiques ont publié déjà, avec d'autres paroles, il est vrai, nos psaumes de Goudimel. Soyons-en très heureux et très flattés, mais tâchons d'imiter ce bon exemple. Citons aussi pour nous encourager le témoignage d'enthousiaste admiration du père Allix, religieux musicographe des plus distingués devant nos psaumes que lui soumettait M. Henri Expert, de même que la réponse d'un directeur d'enseignement congréganiste auquel on faisait observer qu'il ne fallait pas faire chanter de cette musique hérétique : « C'est beau ? C'est saint, dit-il ». Nous devons profiter de la leçon pour admettre belles et bonnes choses en nos églises et en particulier nos psaumes qui selon la frappante définition de Calvin, ont poids et majesté et doivent reprendre la suprématie sur beaucoup de fringots et fredons modernes et étrangers qui pour n'être point de la papisterie, font néanmoins le désespoir de tout esprit tant soit peu sensible à la vraie musique et à la haute inspiration chrétienne.

ALEX. CELLIER.

ALBI. — IMPR. EDOUARD JULIEN